中学校社会サポートBOOKS

オーセンティックな学びを取り入れた

中学校
地理授業

&

ワークシート

明治図書

はじめに

社会科に「本物の学び」を

　社会科の授業は，社会の役に立つものになっているでしょうか。教科書の内容を理解させ，テストや受験で結果を出させることも，大事でしょう。しかし，現状として，そちらに重心が傾きすぎ，暗記教科という烙印を押されているのではないでしょうか。

　社会科とは，本来「社会をよく理解し，より良い社会の形成者を育てる」教科であると言えます。そのような社会科を実現すべく，「本物の学び」＝**「オーセンティックな学び** (authentic achievement)」が注目されています。

　オーセンティックな学びの提唱者であるニューマンは，オーセンティックな学びの条件として，次の３つを挙げています。

> ・**重要であること** (importance)：浅はかな活動主義でなく，学問の重要な概念や方法を扱うこと
>
> ・**意味のあること** (meaningful)：断片的な知識の羅列でなく，課題に対して自分の意見を構築すること
>
> ・**価値のあること** (valuable)：学校（テスト）以外の社会で役立つものであること

　例えば，「東京などの大都市に，人口や産業などが集まることを何というか？」という課題は，３つのどれも満たしません。

　「なぜ，東京に人口が集中するのだろう？」という課題になると，地理の重要な概念を用いるので，「重要さ」はクリアできそうです。しかし，後の２つは満たしません。

　「東京への一極集中によって，どのような課題があるだろう？」という課題になると，「重要さ」と，自分の意見を持つために情報をまとめるので，「意味のある」の２つはクリアできそうです。しかし，残り１つは満たしません。

　「東京への一極集中の課題を指摘し，解決策を提案しよう！」という課題になると，「重要さ」，「意味のある」，そして現代の政策の評価や決定にも活用できるので，「価値のある」もクリアできそうです。

　このように，授業を劇的に変えるのでなく，普段の授業に**「オーセンティックな学び」**の要素を少し取り入れることで，社会で役に立つ学びにつながります。本書では，ニューマンの提唱するオーセンティックな学びを日本の社会科学習に取り入れるために，筆者がその要素を取り入れた社会科授業プランを提案します。

加えて，授業は楽しくあるべきです。テスト・受験重視の授業では，楽しくありません。楽しくなければ，学習者は学習に向かわず，無気力になるか，他のことをするか，授業を妨害します。楽しくない授業をして，授業が荒れる，学力がつかないのは，授業者の責任です。

「すぐできる！」「楽しく，力がつく！」，しかも「深くてタメになる」授業！

　このようなことから，本書では，次の３つを重視した授業を提案します。

①オーセンティックな学びを取り入れ，「重要で，意味のあり，価値のある」学びに近づける

　普段の授業を少し変えることで，オーセンティックな学びに近づける授業プランを提案しています。そのポイントは，理論編で解説します。

②学習者全員が参加できる，「楽しく，力がつく」授業デザイン

　いくら学問的に優れたプランでも，学習者全員に力をつけない授業ではダメです。学習が苦手な子も楽しく学習に参加でき，全員に力がつく授業デザインを心がけて紹介しています。

③すぐに実践できる，教科書ベースの授業展開 + ワークシート

　大きく単元構成を組み替えることなく，一般的な教科書の流れを変えずに，オーセンティックな学びを取り入れた授業展開を提案しています。そのため，オーセンティックな学びという視点でみれば，不十分かもしれません。しかし，大事なことは普段の授業をオーセンティックな学習に近づけていくことです。そのため「すぐ実践できる」ことを優先しました。本書をベースに，ご自身でさらにより良い実践を開発していってください。

　本書は，理論編と実践編で構成されます。

　理論編は，次のように構成されます。まず，オーセンティックな学びの概要と３つの柱，地理学習でオーセンティックな学びをどのように取り入れるかを解説します。次に，単元レベルのデザインとして，単元全体の構成や単元全体の課題をつくるポイントなどを解説します。そして，授業レベルのデザインとして，社会科の資質・能力の階層に基づく発問の類型，それに基づく授業の組み立てを解説します。最後に，全員参加・全員に力をつける授業を行うためのポイントを解説します。

　実践編は，地理学習を全19の単元で構成し，それぞれの単元を紹介します。各単元では，まず単元全体の構成を示し，後のページに単元内の授業を，展開案とワークシートで紹介します。

　本書のウリは，「すぐできる！」「楽しく，力がつく！」，しかも「深くてタメになる」授業です。本書が，普段の授業づくりに悩まれている方，より良い授業を模索中の方の役に立てれば幸いです。

梶谷　真弘

本書の使い方

【単元構成のねらい】本単元の地理学習全体での位置付けや,つかませたい特色や視点・考え方を示しています。

【単元の概念構造】
・本質的な問い…単元内で直接は問いませんが,本単元で扱う事例の学習を通して,その事例を超えて考えさせたい問いを示しています。
・単元の問い…本単元の学習を通して考えさせたい問いを示しています。この問いを考えるために,単元全体の課題に取り組みます。単元全体の課題を解決することで,単元の問いへの自身の答えを導くことにつながります。
・考えさせたい視点…上の2つの問い,単元全体の課題を解決する際に,考えさせたい視点です。学問的な視点(多面的)と,関係する人々の立場(多角的)ごとに示しています。

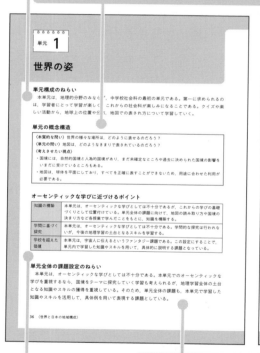

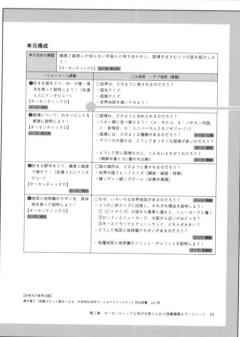

【単元全体の課題設定のねらい】単元全体の課題を設定したねらいと,考えさせたい視点を示しています。

【オーセンティックな学びに近づけるポイント】本単元がオーセンティックな学びにどのようにつながっているのか,そのポイントを3つに分けて示しています。

[実践編:単元構成のページ]

【単元構成】
・パフォーマンス課題…各時間の最後に取り組む課題です。パフォーマンス課題を解決するために，それまでの活動が設定されます。課題の後ろには，p.16のオーセンティックな地理学習の4つのパターンのどれに属するのか，発問の類型のどこに位置付くのかを示しています。
・主発問・サブ発問（課題）…○が主発問，それ以外がサブ発問（課題）です。主発問を考えるために，サブ発問（課題）が設定されます。また，発問の類型（p.27）のどこに位置付くのかを，後ろに示しています。

【単元内の位置付け】本単元内でどのような位置付け・意図で本時が設定されているのかと，本時の概要を示しています。

右側には，授業で使うワークシートを示しています。そのまま使っていただいても構いませんし，部分的に切り取って使っていただいても構いません。記入部分はできる限り思考ツールの考え方を取り入れ，思考を可視化しやすく，また記入部分を見て書くことが学習者にわかりやすくなるように工夫しています。

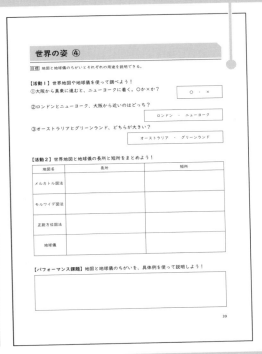

【指導言でわかる！授業の流れ】授業の流れを，できるだけ細かく示しています。クイズや発問には，予想される回答や答えを後ろに示しています。また，本書では，授業形態を指定せずに書きました。学校やクラスの状況によって，クラス全体・グループ・ペア・個人などを使い分けて実施してください。オーセンティックな学びに近づけるためには，①個人での資料との対話，②ペアやグループでの対話が欠かせません。意識的に取り入れていきましょう。また，特に指示のない資料は，基本的に教科書や資料集に掲載されているもので実践できます。

―――――――――――― ［実践編：授業のページ］ ――――――――――――

CONTENTS

第2章 オーセンティックな学びを取り入れた 授業展開＆ワークシート

第1章

オーセンティックな学びを
取り入れた授業づくり
4つのポイント

Authentic Achievement

×

Geography

1 なぜ社会科, 地理を学ぶのか

良き市民

政治や社会情勢に関心を持ち，選挙などで自分の意見を表明し，政治に参加する人

社会に役立つ様々な仕事や活動を行っている人

現実の社会の課題に対して，どうしたら解決できるかを考え，行動を起こす人

1　なぜ社会科を学ぶのか

なぜ社会科を学ぶのでしょうか。受験やテストで高得点を取らせるためでもなければ，物知りで雑学やクイズが得意な子を育てるためでもありません。

社会科の目的は，様々な言葉が使われますが，「民主主義社会の形成者」を育てることと言えます。「良き市民」という表現をすることもあります。

「良き市民」とは，どのような人でしょうか。例えば，次のような人ではないでしょうか。

・**政治や社会情勢に関心を持ち，選挙などで自分の意見を表明し，政治に参加する人**
・**社会に役立つ様々な仕事や活動を行っている人**
・**現実の社会の課題に対して，どうしたら解決できるかを考え，行動を起こす人**

現在の社会科授業で，このような「良き市民」を育てることはできているでしょうか。残念ながら，できていないのがほとんどなのではないでしょうか。

社会科授業を，より現実社会につなげ，「良き市民」に必要な資質・能力を形成する授業にしていくことが求められます。

2　なぜ地理を学ぶのか

なぜ地理を学ぶのでしょうか。物知りな人を育てるためでもなければ，雑学やクイズが得意な子を育てるためでもありません。

中学校社会科は，地理的分野・歴史的分野・公民的分野の３つで構成されます。つまり，地理を独立して学ぶのではなく，社会科の中で地理を扱います。では，様々な場所の地理を学ぶ意味とは，何なのでしょうか。

地理的分野は空間的に，歴史的分野は時間的に離れた題材を中心に学習します。学習者から離れた題材を学ぶことで，物事の共通性と特殊性を学び，異文化理解や多文化共生につなげていきます。それだけでなく，地理・歴史で学ぶことを公民的分野につなげること，つまり，同様の視点やテーマで学習したり，現実の社会の課題につなげて学習したりすることで，学ぶ意味はさらに深まります。では，どのような学習をすればよいのか。それを解決してくれるのが，**「オーセンティックな学び」**です。

1 カリキュラムづくり

2 オーセンティックな学び

「**オーセンティックな学び**」とは，どのようなものなのでしょうか。オーセンティックな学びとは，オーセンティックな学力を形成するための学習です。簡潔に言えば，「現実社会で活躍する大人に求められる資質・能力（の知的な側面）」が，オーセンティックな学力です。「良き市民」に必要な資質・能力に近いと考えられます。現実の社会で直面する課題に対して，調査し，知恵を出し合い，仲間とともに解決していくことができる資質・能力です。逆に，オーセンティックでない学習とは，オーセンティックな学力の形成につながりづらい学習です。例えば，テストで高得点を取るために行われる知識の反復学習や，教師が伝達したことをノートに写す活動などです。

　では，オーセンティックな学力を形成するには，どのような学習が必要なのでしょうか。オーセンティック概念の提唱者であるニューマンは，次の3つが重要であると言います。

---

①**知識の構築**：知識を覚えるのでなく，自分の考えを構築するために活用する。
②**学問に基づく（鍛錬された）探究**：学問的な探究，他者との議論を用いる。
③**学校を超えた価値**：現実社会で意味があり，価値のある学習を行う。

　下の表は，筆者がオーセンティックな学習とそうでない学習のポイントを比較したものです。

3つの要素	オーセンティックな学習	オーセンティックでない学習
知識の構築 (construction of knowledge)	・課題を解決するために情報をまとめる ・思考を重視した学習 ・多面的・多角的に考える	・知識を覚えることが目的 ・写したり，覚えることが中心の学習 ・1つの視点や立場から考える
学問に基づく（鍛錬された）探究 (disciplined inquiry)	・重要な概念を理解する ・複数の学問の考えを取り入れる ・議論する	・浅い知識の羅列 ・1つの学問のみの学習 ・教師の一方的な伝達
学校を超えた価値 (value beyond school)	・課題が社会とつながる ・方法が社会とつながる ・評価が社会とつながる	・教科書の内容の学習 ・教室の中だけの学習 ・受験やテストのための学習

　次項から，これらを解説していきます。

3 知識の構築

オーセンティックな学びに必要な要素の1つ目は,「知識の構築」です。断片的な知識を覚えるのではなく,知識をまとめ,活用して自分の考えを構築するための道具にします。知識は,「覚える対象」ではなく,「自分の考えをつくるための道具」なのです。「知識の構築」のポイントは,次の3つです。

1 課題を解決するために情報をまとめる

1つ目は,「課題を解決するために情報をまとめる」ことです。授業で出てくる情報は,覚えるのではなく,自分の意見を持つためのものです。逆に言えば,授業の課題を,「ある課題について意見を書く」課題にすることで,授業で出てきた情報を自分なりにまとめ,意見を構築していくでしょう。例えば,「2050年に一番経済成長している国はどこか」という課題を出せば,自分の意見を構築するために授業で学んだ経済成長のパターンや状況をもとに情報をまとめるでしょう。このような課題を単元ごとに設定します。

2 思考を重視した学習

2つ目は,「思考を重視した学習」です。課題を解決するための学習であっても,そのための考えが自分で考えた結果でなく,教科書や専門家の意見の受け売りでは,課題を解決する力がついたとは言えません。資料を読み取り,因果関係や概念をつかんだり,まとめたり,評価したりする活動を通して,課題を解決する学習が必要です。

3 多面的・多角的に考える

3つ目は,「多面的・多角的に考える」ことです。課題に対して,意見を考えていくと,一面的な視点や自分の考えだけで判断してしまいがちです。そうではなく,例えば,「EU は必要かどうか,多面的・多角的に判断し,意見を述べよう」という課題では,EU を経済の面や平和の面などの視点(多面的)から考えて判断します。また,労働者や消費者,国ごとなどの複数の立場(多角的)からも考えて判断します。このような課題で,多面的・多角的に,より広く,より深く考えることができるようになります。

4 学問に基づく（鍛錬された）探究

オーセンティックな学力

知識の構築／学問に基づく探究／学校を超えた価値

　オーセンティックな学びに必要な要素の2つ目は，「学問に基づく（鍛錬された）探究」です。現実社会に近づける学習を意識すると，活動に重きが置かれ，学問的な部分がおろそかになりがちです。また，一人で課題に向き合うだけでなく，他者と協力して課題を解決する力も求められます。学問的な内容・方法を用いて，他者と協同して探究する学習が必要です。「学問に基づく（鍛錬された）探究」のポイントは，次の3つです。

1　重要な概念を理解する

　1つ目は，「重要な概念を理解する」ことです。学習を，知識の羅列にとどめないように，学問的に重要な概念を理解するように，学問的に正しい方法で考えるように，課題を設定する必要があります。例えば，「アメリカは2050年も超大国でいるだろうか」という課題では，まず「超大国」に関する概念の理解が不可欠です。次に，現在の社会のしくみや状況から未来を予測して判断します。このように，地理学をはじめとする現実社会を理解するために必要な概念を扱い，それを理解した上で，判断する課題を設定します。

2　複数の学問の考えを取り入れる

　2つ目は，「複数の学問の考えを取り入れる」ことです。現実社会の課題を考える際には，様々な考え方を用いて，解決策を考えます。例えば，「アフリカの貧困の連鎖を断ち切るためのプランを提案しよう」では，アフリカの歴史を歴史学の知見から，地理的な要因を地理学から，経済的な要因を経済学から，というように，複数の学問を用いて探究します。複数の学問の重要な概念や方法を用いることで，より深く，多面的に課題を考えることができます。

3　議論する

　3つ目は，「議論する」ことです。現実社会では，他者と協力して課題を解決する力が求められます。複数で協力する場面や，立場を分けて議論する場面などを設けることで，自分の意見を伝え，他者の意見を聞き，さらに自分の意見を修正していく力を形成していきます。

5　学校を超えた価値

　オーセンティックな学びに必要な要素の３つ目は，「学校を超えた価値」です。受験やテストのための学習では，知っているか，理解しているかに重点が置かれ，現実社会とのつながりが希薄になりがちです。そうではなく，学校の外の現実社会で実際に起こる課題について考えることで，オーセンティックな学びにつながります。ポイントは，次の３つです。

1　課題が社会とつながる

　１つ目は，「課題が社会とつながる」ことです。学校の中だけでしか聞かれないような課題でなく，現実社会で起こる課題に近づけることが必要です。例えば，日本の山地や川などを個別に覚えることは，現実社会とのつながりがほとんどありません。そうではなく，例えば「日本の災害リスクをまとめ，小学生向けの地域の防災計画を作成しよう！」という課題では，日本列島や地域の自然環境の特徴をつかみ，必要な情報をまとめて防災計画を作成します。課題で学習する内容と現実社会がつながります。

2　方法が社会とつながる

　２つ目は，「方法が社会とつながる」ことです。課題を現実社会とつなげても，教室の中の話で終わってしまえば，現実味がありません。例えば，意見文を提出するなど，現実社会に働きかけるような方法を取り入れることで，オーセンティックな学習につながります。

3　評価が社会とつながる

　３つ目は，「評価が社会とつながる」ことです。学校の成績にしか影響しない学習では，現実味がありません。実際に学校の外部の人に提案するなど，現実社会からの評価を受けたり，行動を起こしたりする活動を取り入れることで，オーセンティックな学習につながります。

　本書では，地理学習の流れを大きく変えずに，「すぐできる」授業を優先したため，この「学校を超えた価値」の要素が不十分な点があります。ぜひ，ご自身で社会とつながる課題・授業を開発してください。

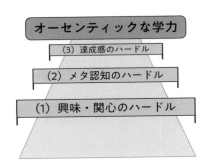

6 学習者からみた オーセンティックな学び

　ここまで，オーセンティックな学びの必要性と，その学習方法をみてきましたが，難しいと感じる方が多いのではないでしょうか。「理想はわかるが，子どもたちがついてこられるのか」という疑問を感じた方も多いと思います。

　ここでは，学習者の視点で，オーセンティックな学びを考えてみましょう。学習者が学びに向かい，それを継続して力をつけていくには，いくつかのハードルがあります。

1　その学習はおもしろそうか（興味・関心のハードル）

　おもしろくない，興味のない活動には，学習者は意欲的に参加しません。これは，どの授業でも同じです。退屈そうにしていたり，学習に取り組まない学習者がいれば，その授業は失敗です。この興味・関心のハードルを突破するために，内容や方法を工夫することが授業者には求められます。そのコツは，p.30，31で説明しますし，実践編で具体例を出しています。

2　できそうか，やる意味はあるか（メタ認知のハードル）

　次のハードルは，学習者にとって，その課題をクリアできるという見通しを持てるかどうかです。スモールステップで課題を設計し，達成できるように課題を組み合わせて授業を設計するユニバーサルデザインの視点が必要になります（p.29）。

　そして，その課題をやる意味があると思えたら，学習に向かいます。オーセンティックな学びは，現実社会の課題とつながるので，「意味のある学習」と感じやすい特徴があります。ここがオーセンティックな学びの強みです。

3　うまくできたか，やった価値はあったか（達成感のハードル）

　最後に，課題はうまくできたか，課題に取り組んだ価値があったかという，達成感のハードルです。オーセンティックな学びは，自分の考えを他者に伝えたり，現実社会へ提案したりする形式が多いので，達成感を感じやすく，「価値のある学習」と感じやすい特徴があります。

　このように，学習者の視点でみても，メリットが多く，授業者の工夫があれば，楽しく，意味のある，価値のある学習が可能です。

7 地理学習でオーセンティックな学びを実現するために

1 オーセンティックな地理学習の４つのパターン

　前著の歴史学習に比べて，地理学習は現実社会の課題に近づけやすいです。その点では，オーセンティックな学びをつくりやすいかもしれません。しかし，現実社会と関係のある活動でも，ベースとなる地理の学習が不十分であれば，「活動あって中身なし」の活動主義の学習に陥ってしまいます。

　活動主義の学習を避けるためには，繰り返しになりますが，オーセンティックな学びに必要な３つの要素を十分に取り入れる必要があります。まず，地理学を中心として社会諸学問の内容・方法に基づいた探究（学問に基づく探究）を行うことです。これ抜きに，地理学習は語れません。次に，課題に対して自身の考えを構築する（知識の構築）ことです。そして，課題に対して，授業内だけでなく社会に発信する（学校を超えた価値）ことです。これらがすべて満たされて，オーセンティックな地理学習と言えます。

　とはいえ，すべての授業や単元で，現実社会の課題に直結した学習を行うことは困難ですし，出口に重きを置きすぎると，土台となる地理学習で培うべき力がおろそかになります。そのため，カリキュラム全体で，オーセンティックな学びを実現できるように，授業者がマネージメント（カリキュラムマネージメント）する必要があります。

　オーセンティックな地理学習には，大きく分けて４つのパターンがあります。

○パターンＡ：現実の社会問題で，実際に社会に参画していく課題をゴールとした学習

　現実社会で起こる課題を対象とし，実際に何らかの形で社会に発信・参画していくことまでを含む学習です。中学校の地理学習では，「日本の諸地域」の自身の住む地域や，「身近な地域の調査」，「地域の在り方」などの単元が，この学習に当たります。実際に調査を行ったり，地域の方や専門家などと知恵を出し合ったりして，最終的には何らかの発信をしたり，行動に移したりすることで，社会に関わり，影響を与えます。

○パターンB：現実の社会問題で，学習者に近い課題をゴールとした学習

　学習者に比較的近い現実社会で起こる課題を対象とする学習です。地理学習の後半の単元が，この学習に当たります。パターンCの学習よりも詳細に分析し，自身の判断をもとに解決策を考えていきます。

○パターンC：現実の社会問題であるが，
　　　　　　学習者にとって遠い課題をゴールとした学習

　実際に社会で起きている課題を扱い，解決策を考えていきますが，学習者にとっては遠い課題を対象とする学習です。「世界の諸地域」の単元などが，この学習に当たります。自分とは距離のある課題を通して，冷静に分析・判断し，解決しようとする資質・能力を養います。ただし，距離的には遠い課題でも，地球規模で解決すべき課題や自分たちの地域に置き換えて考えられる課題を扱います。そのため，自分事として考えるようなしかけや工夫が重要です。

○パターンD：現実と離れたパフォーマンス課題をゴールとした学習

　学習内容やスキルなどを理解することや，それらを応用することを重視する学習です。基礎となる知識やスキルが不十分な地理学習のはじめの方の単元や，各単元の導入部の授業が，この学習に当たります。オーセンティックとしては不十分ですが，今後の単元のための知識やスキル，資質・能力を養うための学習です。

　パターンAの学習が，一番求められるオーセンティックな地理学習です。しかし，すべての単元をパターンAにする必要はありませんし，そうすると地理学習で獲得すべき部分がおろそかになってしまう危険性もあります。

　大事なことは，社会科のカリキュラム全体で，どのようにオーセンティックな学力を形成していくかを考えることです。それぞれの単元の学習を別々に考えるのでなく，それぞれの単元の特性を考慮しながら展開し，全体を通してオーセンティックな学力を形成していけばよいのです。

　また，単元全体の課題には，大きく2つの要素があります。1つ目は，**社会とのつながり**です。オーセンティックな学びを実現するためには，現実社会との関わりが欠かせません。もう1つは，**単元で学習したことの活用**です。社会とつながっていても，単元での学習を活かせなければオーセンティックな学びとはなりません。この2つが満たされる課題が望ましい課題と言えます。しかし，この2つは相反する場合もあり，単元によっては必ずしも両方を十分に満たせない場合もあります。そのため，単元全体の課題についても，すべての単元で両方を満たすものにこだわるというよりも，カリキュラム全体を通して，これら2つが満たされる課題を配置できるようにマネージメントすることが大切です。

2 地理の段階型学習

歴史学習と同様に，地理学習でも段階的に学習します。歴史学習では，時間軸という一本の軸があります。そのため，基本的には，その軸に従って学習のステップを段階に分けてカリキュラムを設計します。

しかし，地理学習では，誰もが納得するような軸はありません。例えば，学習者からみて同心円的に拡大させて学習する方法もありますが，一長一短があります。地理学の研究者の意見も様々です。

本書では，現行の学習指導要領をもとに，筆者がこの流れで授業を行っていく場合の段階型学習を提案します。あくまで，筆者の一案なので，様々なものがあってよいと考えています。大事なことは，地理学習全体・社会科の学習全体でオーセンティックな学力をつけていくために，授業者がカリキュラムマネージメントを行うことです。

①世界と日本の地域構成（世界の姿，日本の姿）

第1の単元「世界の姿」では，地球上の様々な区分（大陸と海洋，州，国など）や，地図や地球儀での表され方のきまりについて学習します。

第2の単元「日本の姿」では，日本の位置や領域を学習し，スキル面では時差を扱ったり，内容面では国境という社会的論争問題を含む題材を扱ったりします。

これらの単元では，地理学習の土台となる知識・技能の習得がメインになります。また，中学校社会科の最初の単元でもあるため，楽しく，活動的な形式で学習を進めたいものです。

地理学習のスキルの面では，地図や統計資料などの1つの資料を正しく読み取る学習をメインで行い，単元の中で複数の資料を組み合わせる学習を取りいれていき，次の単元の学習につなげていきます。

単元全体の課題は，単元で学習したことを活用することをメインとした課題とし，各授業と単元の課題の関係をつかませていきます。また，単元内で「領土問題」を扱いますが，該当授業内のみで論争問題として扱い，公民的分野での学習につなげます。

②人々の生活と環境

本単元は，次単元「世界の諸地域」での地域ごとの学習の前段階として位置付く単元です。気候などの自然条件や宗教などと，人々の生活との関係を学習します。

この単元では，地理学の「位置や分布」「場所」「人間と自然環境との相互依存関係」という観点から学習します。そのため，スキルの面では，2つの資料を重ね合わせたり，組み合わせたりすることで，比較・関連付け・総合（まとめる）の力をつけていきます。

単元全体の課題は，各気候の特徴と人々の生活との関係をまとめ，紹介するという，活用メ

インの課題にすることで，次の単元の地域ごとの学習につなげます。

③世界の諸地域

本単元は，世界の州ごとのテーマを中心に学習します。「位置や分布」「場所」「人間と自然環境との相互依存関係」「空間的相互依存作用」「地域」という地理学の五大テーマすべての観点から学習します。

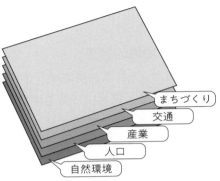

学習の進め方としては，次のような流れになります。まず，その地域の自然環境（地形や気候）を学習し，その特徴をつかみます。次に，その自然環境と人々の生活がどのように関係しているのか，人口・産業・交通などの面から学習していきます。右の図のようなイメージで，自然環境のシートの上に新たなシートを重ねて，関係性を学習していきます。その中で，学問的な一般的共通性や地域的特殊性を学習していきます。そして，単元の中心となるテーマを探究していきます。「世界の諸地域」は基本的には地球的課題がテーマとなっています。各州のテーマと単元全体の課題の一覧は，次の通りです。

州	テーマ	単元全体の課題
アジア州	経済発展	アジア州で，2050年にさらに経済発展している国はどこだろう？　1つの国を選び，現在の経済発展の理由と，これからさらに発展する根拠を説明しよう！
ヨーロッパ州	地域統合	EUは必要？ 不要？　その理由を多面的・多角的に説明しよう！
アフリカ州	貧困	アフリカの貧困の要因を多面的に説明し，解決策を提案しよう！
北アメリカ州	産業構造	アメリカは，2050年も超大国だろうか？　根拠をもとに，多面的に説明しよう！
南アメリカ州	環境と開発	アマゾンの熱帯林を守り，持続可能な開発を行うためのプランを提案しよう！
オセアニア州	結びつき	オセアニア州の国を1つ選び，産業と外交の面から経済発展プランを提案しよう！

テーマに対する探究を通して，自分の意見をまとめ，発信します。この段階では，**資料から読み取った事実をもとに根拠を持って主張すること（事実＋根拠→主張）**をねらいとしています。自身の主張（意見）を仲間と意見交換する中で修正し，単元全体の課題をより良いものに仕上げていきます。

可能ならば，「世界の諸地域」でも自身の意見を構築するだけでなく，論争問題を解決するために，討論の活動を取り入れたり，集団で1つの解決策を導き出す合意形成の活動を取り入

れたりするべきで，その方がオーセンティックな学びに近づきます。ただし，カリキュラム全体で考えると，その土台となる地理で学習すべきスキルや，事実と根拠に基づく主張（意見）を構築する力を，優先して鍛えていく段階です。そのため，本書では，先述のようなテーマと学習方法を採用しています。

④日本の地域的特色

　本単元は，「世界の諸地域」と「日本の諸地域」をつなぎ，これまで学習してきた世界との比較を通して，日本の特徴を学習します。

　地理学習のスキルの面では，テーマごとに世界と日本を一対一対応で比較することで，スケールの異なる2つの資料を比較，分析する力を養い，地域的特色と課題を探究していきます。

　本単元は，2つに分けて構成します。まずは，自然環境とその影響に関わる部分を中心に学習し，日本の地域的課題の1つである災害対策を考えます。次に，産業や交通・通信などを中心に学習し，その中での日本の課題を分析し，解決策を提案します。本来，「身近な地域の調査」はこの単元に含まれますが，最終単元「地域の在り方」との関連を重視し，最終単元で扱います。

⑤日本の諸地域

　本単元は，日本の地域（地方）ごとのテーマを中心に学習します。また，地理学の五大テーマすべての観点から学習します。

　学習の進め方は，「世界の諸地域」と同様に，まず，その地域の自然環境の特徴をつかみ，その自然環境と人々の生活がどの

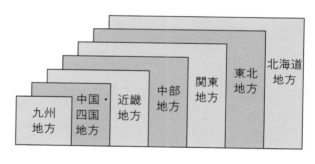

ように関係しているのか，人口・産業・交通などの面から学習していきます。その中で，学問的な一般的共通性や地域的特殊性を学習し，単元の中心となるテーマを探究していきます。

　また，「世界の諸地域」でも同様ですが，前の単元で学習したことをベースとし，それを活用して，次の学習をより深めていくように構成します。上の図のように，単元が進むにつれて，学習が発展していくようにすることで，見方・考え方が鍛えられます。

　「日本の諸地域」では，「世界の諸地域」に比べて，課題に対して，より詳細な分析を行います。その中で，「世界の諸地域」で学習したスキルや概念を活用し，複数の資料を根拠に判断できるようにしていきます。また，この段階では，自身の意見の構築（事実＋根拠→主張）にとどまらず，集団で1つの解決策を導きます。そのために，自分（たち）の意見と他者の意見を，事実分析，価値分析し，吟味した上で，妥当な修正案を調整しながら，合意形成を図ります。各地域（地方）のテーマと単元全体の課題の一覧は，次の通りです。

地方	テーマ	単元全体の課題
九州地方	自然環境	九州地方の都道府県を1つ選び、その地域の特色を活かした新たな産業を提案しよう！
中国・四国地方	人口、交通・通信	国から「地域活性化予算」が出るとすれば、どうする？　中国・四国地方の地域おこしプランを提案しよう！
近畿地方	歴史的背景	京奈和自動車道の建設を続けるべきか？
中部地方	産業	中部地方の産業の特徴と課題を説明し、課題を解決するプランを説明しよう！
関東地方	人口、交通・通信	東京への一極集中の課題を指摘し、解決策を提案しよう！
東北地方	災害	陸前高田市の震災復興プランに対する意見文を書こう！
北海道地方	自然環境 歴史的背景	北海道の1つの都市、または地域を選び、課題を指摘し、その解決プランを提案しよう！

⑥身近な地域の調査，地域の在り方

　中学校地理学習の最終単元です。これまで学習したことをもとに、地域の課題を発見し、解決策を考えていきます。

　本単元のテーマは、それぞれの地域によって異なります。しかし、次の2点は変わりません。1つは、これまでの地理学習で獲得したスキルや概念、見方・考え方を活用して、課題を解決していく活動であることです。もう1つは、学習者が地域を調査し、課題を発見し、分析した上で解決策を提案すること、そして、現実社会に何らかの形で関わることです。現実社会と関わることとは、例えば文章や成果物の発信、プレゼンなどでの提案、一緒になっての企画、地域での活動など、様々考えられます。

　学校の状況や、時間数、地域や行政との関係など、様々なことが影響します。しかし、可能な限り、学習者に、時間と学習の主体性、そして、社会参加の機会を確保したいものです。総合的な学習の時間と連携する方法も考えられます。

　ここまで、オーセンティックな学びの全体像を解説しました。次節からは、具体的に単元づくりの方法を解説していきます。

1 単元全体の課題づくり

　まずは，単元全体の課題を設定します。単元全体の課題は，その単元を学ぶ目的になるので，とても重要です。本来，オーセンティックな学びは，現実社会の課題から学習をつくっていきますが，カリキュラムや教科書がある中で行うのは，現実的ではありません。本書では，一般的な地理学習の流れに合う形で課題を設定し，オーセンティックな学びに近づけます。

　単元全体の課題づくりのポイントは，次の3つです。

1　単元の学習内容を満たす課題

　単元の学習内容を理解していなくても達成できる課題は，良い課題ではありません。単元のすべての内容を網羅するのではなく，単元の重要な概念を理解していれば解決できる課題を設定することが求められます。そのため，1つの時間だけで解決できるようなものでなく，様々な視点から考える必要のある課題を設定することが重要です。

2　「本質的な問い」につながる課題

　地理には，一般的共通性と個別特殊性があります。一般的共通性とは，その場所だけでなく，他の場所や状況にも共通することです。個別特殊性とは，その場所や状況に特有の特殊な状況です。例えば，工業立地の条件などは，多くの場所で共通するものです。しかし，産業の変化，その場所の状況などによって，ちがいもあります。「本質的な問い」とは，その事例にだけ通用する問いではなく，他の場面にも応用できる問いのことです。本質的な問いにつながる課題にすることで，地理学習での学びを現実社会に応用できるようになります。

3　現実社会とつながる課題

　現実社会につながる課題は，2種類あります。1つは，テーマや内容そのものが現実社会の課題に直接つながる課題です。現実社会が直面している課題や社会的論争問題などです。もう1つは，内容自体はつながらないが，現実社会を考える「良き市民」に必要な考え（見方・考え方）を形成するための課題です。この2つを組み合わせて，課題を設定します。

2　単元のデザイン

　単元全体の課題を設定したら，次は単元内の各時間を設計します。単元全体の課題を解決するために，単元内で何をどのように扱うか，単元を構造化します。そして，それぞれのゴールを明確にし，各時間の課題を設定します。

1　単元の構造化

　単元の課題を解決するために，単元全体で扱う内容を分類し，配当時間に当てはめていきます。単元全体の課題を解決するためのヒントを各時間でつかんでいくというイメージで設計しましょう。

　例えば，関東地方の単元で，「東京への一極集中の解決策を提案しよう」という単元全体の課題に対して，第1時で大まかな自然環境，第2時で人口集中による産業の特徴，第3時で人口集中による生活の特徴，第4時で他国の一極集中への対策，第5時で議論，という流れで，1時間ごとに1つの視点から学習し，単元全体の課題につなげます。

2　各時のゴールの明確化

　各時間の大まかな分類，配列ができたら，各時間の目標，ゴールを設定します。この各時のゴールが明確になれば，断片的な学習にはなりません。

　例えば，先ほどの単元では，第4時で他国の一極集中への対策の事例を扱います。ゴールを「他国の一極集中への対策のメリット・デメリットをまとめ，日本に置き換えて判断することができる」と設定します。このゴールに向かうために，各国の対策をまとめ，日本の状況と照らし合わせて判断していきます。

3　各時の課題設定

　各時のゴールが決まれば，各時のパフォーマンス課題を設定します。内容の理解にとどまらず，学習者が意思決定し，取り組みたいと思える課題をつくります。例えば，先ほどの授業では，「他国の一極集中への対策を評価シートにまとめよう」という課題を設定します。

3 ポートフォリオづくり

　単元の枠組みができたら，それを授業者だけが知っているのでなく，学習者に知らせる必要があります。単元全体で何をできるようになることが求められ，どのような課題が出され，どのように授業が進んでいくのか，そしてどのように評価されるのかを，事前に学習者が知っていることで，見通しを持って学習することができます。

　本書では，「単元ポートフォリオ」を活用して単元を進めていきます。最近では，「1枚ポートフォリオ」が有名になり，多くの方が実践されていることでしょう。特に「この形式が一番良い」というものはありません。学習者が学びに向かいやすい形であれば，創意工夫があってよいと思います。

　ここでは，単元ポートフォリオに載せる項目と，筆者が使っているもののレイアウトを一例として紹介します。

1　単元全体の課題

　単元全体の課題を提示します。事前に提示することで，毎時間意識して学習することができます。また，授業以外の時間に課題について調べ，知識を構築することができます。

2　単元全体の課題の評価規準

　評価規準を事前に学習者に提示します。そうすることで，どのように学び，表現することが求められているのか，達成の規準を明確にして学習を進めることができます。

3　本時の目標

　各時間の本時の目標を提示します。本時の振り返りを行う際に，自分の学びが目標に到達しているか，学びの到達度や方向性を確かめることができます。

4　本時の学習で学んだこと，さらに考えたいこと

　各時間の振り返りとして，学んだこと，さらに考えたいことを記述します。この各時間に学んだことを組み合わせることで，単元全体の課題を解決できるようになります。

【ポートフォリオ見本】

社会科 単元ポートフォリオ「学びのもくじとあゆみ」

地理的分野⑤「ヨーロッパ州」 1年( )組( )番 氏名
( )

予測を立てよう！ EU は必要？不要？ 多面的・多角的に 考え、 理由を説明しよう！	

学習内容	授業で大切だと思ったことを書こう！
1.「ヨーロッパ州の自然環境」 目標：ヨーロッパ州の地形や気候の特徴を説明できる。 学習日：( )月( )日	
2.「ヨーロッパの農業と EU の影響」 目標：ヨーロッパ州の農業の特徴を説明できる。 学習日：( )月( )日	
3.「ヨーロッパ州の歴史と EU」 目標：EU が成立した理由とその影響を説明できる。 学習日：( )月( )日	

4.「EU が抱える課題」 目標：EU の課題を説明できる。 学習日：( )月( )日	
5.「EU は必要？不要？」 目標：EU のメリット・デメリットを踏まえて、EU が必要かどうか、自身の考えをまとめることができる。 学習日：( )月( )日	

単元のまとめ
EU は必要？不要？ 多面的・多角的に 考え、理由を説明しよう！

表面

学びの羅針盤 地理的分野⑤ ヨーロッパ州

＜単元全体の課題＞

EU は必要？不要？ 多面的・多角的に 考え、理由を説明しよう！

○評価規準

A	・EU が必要・不要のどちらかの立場を明確にし、理由を論理的に説明している。 ・その立場を選んだ理由を、多面的・多角的に説明している。
B	・EU が必要・不要のどちらかの立場を明確にしている。 ・その立場を選んだ理由を説明している。
C	B基準が満たされていない。

＜重要用語＞

最重要	北大西洋海流、偏西風、ヨーロッパ連合（EU）、ユーロ
重要	アルプス山脈、国際河川、氷河、フィヨルド、白夜、キリスト教、プロテスタント、カトリック 正教会、ゲルマン系、ラテン系、スラブ系、民族、混合農業、酪農、地中海式農業 食料自給率、先端技術産業、経済格差

多面的…社会的事象のもつ
様々な側面

【多面的】さまざまな側面
　（例）貿易の面では…
　　　　交通の面では…
　　　　平和の面では…、など

【多角的】さまざまな立場
　（例）労働者の立場では…
　　　　政府の立場では…
　　　　○○国の立場では…、など

多角的…様々な立場

裏面

1 社会科の資質・能力の段階

　授業内で，学習者に問う場面は多くあります。例えば，学習者の興味をひくためにクイズを用いる。これ自体は大切ですが，クイズばかりだと一問一答形式に陥り，学習者は飽きてしまいます。一方で，「なぜ」という問いは，因果関係を問う発問なので，学力をつける上で重要です。しかし，「なぜ」ばかりを問うと，学習者の意欲に差が生まれます。つまり，そもそも関心の低い学習者は学びに向かいません。また，答えを求める問いなので，正解ありきの学習に陥ります。

　このように，発問を無自覚に行うと，授業はうまくいきません。目的に合わせた発問を効果的に用いることで，資質・能力を育成する授業になります。ここでは，発問を効果的に用いるために，発問を類型化します。そのためには，まず目的となる社会科の資質・能力の段階を理解する必要があります。右の図は，社会科の資質・能力を大まかに段階化したものです。社会科教育学，認知心理学などの理論を参考にしています。

①事実・情報読み取り

　事実を知ることや，資料から情報を読み取る段階です。語句の暗記や一問一答クイズが，この段階に当たります。

②概念（理解）

　個別の事実ではなく，思考の結果として獲得した，他に応用できる概念を理解する段階です。「なぜ」という問いによる探究学習などが，この段階に当たります。

③価値判断

　価値を扱い，どちらが望ましいか，判断を求める段階です。対立する意見の背景にある価値を明確にし，どちらの価値が優先されるべきかの判断を問う学習が，この段階に当たります。

④意思決定

　客観的な理解にとどまらずに，自分自身の立場を明確にして，意思決定を行う段階です。どちらかを選んだり，提案したり，課題を解決したりする学習が，この段階に当たります。

2 発問の類型化

　資質・能力の４段階に基づいて，発問を類型化します。分類することが目的ではなく，分類することで，授業内の必要な場面で自覚的に発問することが目的です。

　社会科教育学，認知心理学などの理論を参考に，発問の種類を類型化したのが，下の表です。様々な方面からの指摘は想定されますが，授業者にわかりやすいことを最優先に，分類しています。

表　発問の類型

レベル	番号	発問	発問の具体例
レベル1 事実	1－1	事実を問う	～は何（いつ，どこ，誰）か
	1－2	読み取りを問う	（データより）何が読み取れるか
レベル2 概念 （理解）	2－1	原因・理由を問う	なぜ～なのか，～の原因は何か
	2－2	結果・影響を問う	～の結果，どうなったか
	2－3	まとめさせる	まとめると，どうか
	2－4	例を挙げさせる	具体的にはどうか
	2－5	比較させる	どう違うか，どちらが～か
	2－6	分類させる	どうまとめられるか，どの分類か
	2－7	多面的に問う	～の視点ではどうか，複数の視点で考えよう
	2－8	多角的に問う	～の立場ではどうか，複数の立場で考えよう
	2－9	（事実を）評価させる	正しいか，良いか
レベル3 価値 判断	3－1	価値明確化	どのような価値に基づくか
	3－2	価値吟味	その価値は優先されるべきか
	3－3	価値判断	どちらが望ましいか
レベル4 意思 決定	4－1	意思決定	どちらを選ぶか，どうすればよいか
	4－2	課題解決	どのように解決するか
	4－3	提案	どうすればよいか
	4－4	（事実・価値を）評価させる	正しいか，良いか

〈第２章での表記〉レベル１…🗒️　レベル２…✏️　レベル３…❓　レベル４…❗

　授業の目的に合わせて，何を，どのように，どの順序で問うのかを考え，授業をデザインします。

3 授業の組み立て

　続いて，授業を組み立てます。授業は，ゴール（目的）からの逆算です。どうすれば学習者がゴールに到達できるかを考えて組み立てていきます。

1　ゴールに向かうための骨組みづくり

　まずは，骨組みづくりです。例えば，「関東地方にニュータウンが多い理由を説明できる」という授業のゴールで考えましょう。

　ニュータウンが多い理由を考えるためには，ニュータウン自体の理解や，場所の理解も必要です。また，関東地方の人口の推移と地価の推移をもとに，理由を説明できるようになります。

　このように，課題を解決するために，細かい要素に分類・分解していくことを，「課題分析」と言います。

2　スモールステップ化

　課題を解決するために必要な要素が集まったら，それらを並べ，授業の流れをつくります。例えば，まず地名探しで「ニューのつく地名」を探します。すると「ニュータウン」の多さに気づきます。次に，「どうして多いのか」と問い，予想させます。このままでは「人口が多いから」という浅い理解にとどまる危険性があります。そこで，上に挙げたような資料を用意することで，到達目標をクリアしやすくします。これを「スモールステップ化」と言います。

3　考えたくなる課題

　最後に，学習者が取り組みたくなるように，活動内容や発問の仕方を工夫したり，ネタやクイズを挿入したりして，最後まで学習に向かえるようにします。学習する内容だけでなく，学習意欲もデザインすることが大切です。先ほどの問いへの補助として，２つの映像作品を挿入し，「この２つの作品の共通点は？」と問うことで，ニュータウン開発前後の変化がみえてきます。楽しく，問いの補助となるようなネタ・クイズで，つまずきを予防します。

　次節では，誰一人取り残さず，全員参加・全員に力をつけるためのポイントを解説します。

4 全員に力をつける（誰一人取り残さない）

1 環境のユニバーサルデザイン

　特別支援教育の視点が重視され，ユニバーサルデザインも広く知られるところとなってきています。ユニバーサルデザインは，「全員」にこだわるための最低条件と言えるでしょう。まずは，ユニバーサルデザインで，その集団のみんなにとって取り組みやすい授業をデザインします。次に，ユニバーサルデザインだけでは難しい学習者に対して，集団内で学習しやすい配慮を行います。それでも難しい場合，授業以外の場面を用いて，個別学習が必要となります。このように，集団や学習者の状況に応じて，全員が学びやすい環境をデザインすることも，授業者の大事な仕事です。

　支援というと，手伝ったり，補ったりというイメージがあるかもしれません。しかし，そうではなく，学習者の得意・不得意などの特性を理解し，学習に参加し，力をつけていく支援が必要です。そのためには，次の3つが欠かせません。

1　学習者の特性の理解（アセスメント）

　障がいの有無に関わらず，学習者の得意・不得意などの特性を理解しましょう。「〜ができない」で終わるのではなく，「なぜできないのか」「どうすればできるのか」「得意な面で不得意な面を補えないか」といった視点で，学習者の理解を深めていきます。

2　学習に参加するための支援

　全員が教室で学習しやすくするための支援です。例えば，50分間集中を続けるのが苦手な学習者は多いでしょう。それなら，50分間をいくつかの活動に分けて展開します。また，見通しが持てないと不安な学習者もいます。それなら，授業の目標や流れをあらかじめ提示することで，落ち着いて学習に向かうことができます。

3　力をつけるための支援

　サポートだけでなく，力をつけるための支援も重要です。例えば，いきなり「なぜ〜なのか」と問われても，答えることが難しい学習者は多いでしょう。解決できるように，課題を細かな要素に分解し（課題分析），スモールステップで解決できるように，授業を組み立てます。

※詳しくは，拙著『学級経営＆授業のユニバーサルデザインと合理的配慮』（明治図書，2018年）をご覧ください。

2 学力のユニバーサルデザイン

　授業冒頭で，前時の復習をする授業はよくあります。これ自体が悪いわけではありませんが，方法を間違えると学習者の全員はついてきません。学習が積み上がっていない子からすれば，自分の知らない，わからないことを，授業の最初に突きつけられるので，授業に参加したいと思うわけがないからです。こういった問い・活動を「学力を必要とする問い・活動」と呼びます。これは，学力のある子が参加できる問い・活動であって，そうでない子は参加できません。「学力を必要とする問い・活動」は，「学力差を広げる問い・活動」でもあるのです。

　では，学習者全員が参加できる問い・活動とは，どのようなものでしょうか。それは，「学力を必要としない問い・活動」から始め，学習を通して力をつけていくことです。「授業ネタ」で有名な河原和之先生は，これを「学力のユニバーサルデザイン」と呼んでいます。学力的にしんどい子でも参加しやすい，むしろそういった子が授業を引っ張っていけるような問い・活動，授業の雰囲気が，全員が学びやすい環境を生むのです。まさに「学力のユニバーサルデザイン」と言えるのです。学力のユニバーサルデザインのポイントを，2つ紹介します。

1　知識（学習知）を必要としない導入

　知っていないとできない問いは，授業，特に導入にはふさわしくありません。例えば，クイズを出す場合，学習者の興味・関心のあるものや，日常の経験から答えられるものを用います。選択肢方式にして，勘でも参加できるものもよいでしょう。また，数字を用いると，具体的で考えやすくなります。そのような問いから，学習内容に迫るように，組み立てましょう。

2　矛盾・意外性，葛藤，切実性のある題材

　単発のクイズばかりでは，学習者は飽きてしまいます。学習者を前のめりにさせる，学習に向かうしかけが必要です。矛盾や意外性は，「普通〜だろう」と思っているのに，予想外の結果が起こり，「うそ！　どうして？」と考えたくなります。学習の得意な子が間違えて，苦手な子が正解するという逆転現象も起こります。

　葛藤や切実性は，考えたくなる，解決したくなる課題です。どちらを選んでもメリット・デメリットのある葛藤課題や，学習者に直接つながる課題や，正義などに関わる課題は，切実性の高い課題です。これらの問い・課題によって，学習者が学びに熱中するようになります。

3 意欲のデザイン

　学習を進める上で，意欲的に学習に向かわせるのも，授業者の大事な仕事です。意欲的に取り組ませようと思うと，すぐに思い浮かぶのは，「興味のありそうな話をしよう」や「びっくりする内容を取り入れよう」などのようなネタやパフォーマンスが中心ではないでしょうか。しかし，それだけでは，学習者はそのときは楽しく意欲的になっても，それが終わると意欲を失ってしまいます。また，ネタやクイズに飽きてしまうことも，よくあることです。意欲を単発でなく，学習の間継続できるようにデザインすることが求められます。

　そこで，ケラーの提唱するARCSモデルに注目します。ARCSモデルとは，学習意欲に関わる4つの要因に着目し，それらを適切にデザインすることで，学習意欲を高め，効果的な学習に導くためのモデルです。4つの要因は，注意（A），関連性（R），自信（C），満足感（S）です。

①**注意**（Attention）…学習者の関心をつかみ，学ぶ好奇心を刺激することです。例えば，視覚情報で伝えたり，具体例を用いたり，人物に焦点を当てたり，矛盾や葛藤を引き起こしたりすることで，学習者の注意をひき，好奇心を刺激することができます。

②**関連性**（Relevance）…学習者の個人的なニーズや目標と関連付けることです。例えば，生活の中で経験すること（生活知）とつなげたり，学習したこと（既知）とつなげたり，協同学習を取り入れたり，学ぶ価値があると捉えさせたりすることで，自分自身と学習内容を肯定的に関連付け，意欲的に学習するようになります。

③**自信**（Confidence）…学習者が成功できる，もしくは成功できそうだと実感する手助けをすることです。例えば，課題の難易度を調整したり，見通しを持たせてできると思えるように工夫したり，活動ごとにフィードバックを与えたりすることで，自信を持って学習を継続することができるようになります。

④**満足感**（Satisfaction）…（内的・外的）報酬によって，達成感を強化することです。例えば，学習の成果に対して称賛（ほめるなど）したり，学習したことを他のものに転用する機会を与えたりすることで，満足感を持って次の学習に向かうことができるようになります。

　ARCSモデルを取り入れ，学習者の意欲を意図的にデザインしましょう。

4 全員に力をつけるための授業デザイン

　ここまでの内容を踏まえ，誰一人取り残さず，全員に力をつけるオーセンティックな学びに近づけるために，大事にしたいポイントをまとめたのが，下の表です。

授業全体	・オーセンティックな課題を中心に学習を組み立てる。 ・授業をいくつかの活動に分けて，展開する。
導入	・クイズなど，興味・関心のあるネタで学習に向かわせる。 ・見通しを持てるように，授業の目標や流れを提示する。
展開	・協同学習で，学び合い，意見を出し合う。 ・スモールステップの展開で，ゴールに到達しやすくする。
まとめ	・本時のパフォーマンス課題で，授業で学んだことを活用する。 ・ポートフォリオを用いて，学習したことを振り返り，次の学習に活かす。
単元全体の課題	・現代社会につながる課題，自分の意見を問う課題を設定する。 ・単元全体の課題を先に提示し，学習の意味付けをする。 ・単元ポートフォリオを用いて，学習の見通しやつながりを持たせる。

　本章では，オーセンティックな学びについて解説し，それをもとに地理学習をどのように行うのかを示しました。また，学習者の視点から，全員に力をつけるための視点も示しました。

　次章では，実践編として，地理学習の全単元の単元プランと，単元内のいくつかの授業プラン，そして授業で用いるワークシートを紹介します。

【第1章の参考文献一覧】
David Harris and Michael Yocum, Powerful and Authentic Social Studies, National Council for the Social Studies, 2000.
拙著「Powerful and Authentic Social Studies における教師の専門性の開発―社会科授業の評価基準に着目した分析研究―」『大阪教育大学 社会科教育学研究』第10号，2012年，pp.1-10
拙著『学級経営＆授業のユニバーサルデザインと合理的配慮』明治図書，2018年
R.J. マルザーノ他『教育目標をデザインする』北大路書房，2013年
J.M. ケラー『学習意欲をデザインする』北大路書房，2010年
文部科学省『中学校学習指導要領（平成29年告示）解説 社会編』東洋館出版社，2018年

オーセンティックな学びを取り入れた授業を成功させるためのチェックリスト

			✓
ポイント1 カリキュラムづくり	1．知識の構築	①課題解決のために，情報をまとめる学習になっているか	
		②知識の伝達でなく，思考を重視した学習になっているか	
		③多面的・多角的に考える学習になっているか	
	2．学問に基づく（鍛錬された）探究	④重要な概念を理解することを求める学習になっているか	
		⑤複数の学問の考えを取り入れる学習になっているか	
		⑥議論する時間・必要のある学習になっているか	
	3．学校を超えた価値	⑦社会とつながる課題となっているか	
		⑧社会とつながる学習方法となっているか	
		⑨社会とつながる評価方法となっているか	
	4．学習者のハードル	⑩その学習はおもしろそうか（興味・関心のハードル）	
		⑪できそうか，やる意味はあるか（メタ認知のハードル）	
		⑫うまくできたか，やった価値はあったか （達成感のハードル）	
	5．オーセンティックな地理学習	⑬4つのパターンのいずれかの学習になっているか	
		⑭地理の段階を意識した学習になっているか	
ポイント2 単元・パフォーマンス課題づくり	1．単元全体の課題づくり	①単元の学習内容を満たす課題になっているか	
		②「本質的な問い」につながる課題になっているか	
		③現代社会とつながる課題になっているか	
	2．単元のデザイン	④単元が適切に構造化されているか	
		⑤各時間のゴールが明確化されているか	
		⑥各時間の課題が適切に設定されているか	
ポイント3 授業・発問づくり	1．資質・能力	①社会科の資質・能力の段階を意識した目標となっているか	
	2．発問の類型	②発問の類型を意識した授業デザインとなっているか	
	3．授業の組み立て	③ゴールに向かうための骨組みづくりはできているか	
		④授業内の課題がスモールステップ化されているか	
		⑤考えたくなる課題を授業に取り入れているか	
ポイント4 全員に力をつける（誰一人取り残さない）	1．環境のユニバーサルデザイン	①学習者の特性を理解（アセスメント）できているか	
		②学習に参加するための支援は考えられているか	
		③力をつけるための支援は考えられているか	
	2．学力のユニバーサルデザイン	④知識（学習知）を必要としない導入になっているか	
		⑤矛盾・意外性，葛藤，切実性のある題材になっているか	
	3．意欲のデザイン	⑥関心をつかみ，学ぶ好奇心を刺激する授業となっているか	
		⑦学習者のニーズや目標と関連付ける授業となっているか	
		⑧できる，できそうだと思える授業となっているか	
		⑨達成感を得られる授業となっているか	

第 **2** 章

オーセンティックな学びを
取り入れた授業展開＆
ワークシート

Authentic Achievement

Geography

世界の姿

単元構成のねらい

　本単元は，地理的分野のみならず，中学校社会科の最初の単元である。第一に求められるのは，学習者にとって学習が楽しく，これからの社会科が楽しみになることである。クイズや楽しい活動から，地球上の位置や分布，地図での表され方について学習していく。

単元の概念構造

〈本質的な問い〉世界の様々な場所は，どのように表せるのだろう？

〈単元の問い〉地図は，どのようなきまりで表されているのだろう？

〈考えさせたい視点〉

・国境には，自然的国境と人為的国境があり，まだ未確定なところや過去に決められた国境の影響をいまだに受けているところもある。

・地図は，球体を平面にしており，すべてを正確に表すことができないため，用途に合わせた利用が必要である。

オーセンティックな学びに近づけるポイント

知識の構築	本単元は，オーセンティックな学びとしては不十分であるが，これからの学びの基礎づくりとして位置付けている。単元全体の課題に向けて，地図の読み取り方や国境の決まり方など各授業で学んだことをもとに，知識を構築する。
学問に基づく探究	本単元は，オーセンティックな学びとしては不十分である。学問的な探究は行われないが，今後の地理学習の土台となるスキルを学習する。
学校を超えた価値	本単元は，宇宙人に伝えるというファンタジー課題である。この設定にすることで，単元内で学習した知識やスキルを用いて，具体的に説明する課題となっている。

単元全体の課題設定のねらい

　本単元は，オーセンティックな学びとしては不十分である。本単元でのオーセンティックな学びを重視するなら，国境をテーマに探究していく学習も考えられるが，地理学習全体の土台となる知識やスキルの獲得を重視している。そのため，単元全体の課題も，本単元で学習した知識やスキルを活用して，具体例を用いて表現する課題としている。

単元構成

単元全体の課題	緯度と経度しか知らない宇宙人と待ち合わせし，国境をはさむ２つの国を紹介しよう！ 【オーセンティックD】 2−3 まとめ

パフォーマンス課題	○主発問 ・サブ発問（課題）
❶好きな国を３つ，州・大陸・海洋を使って説明しよう！（友達３人にインタビュー） 【オーセンティックD】 2−4 例示	○世界は，どのように表されるのだろう？ ・国名クイズ ・国旗クイズ ・世界地図を描いてみよう！
❷国境について，わかったことを家族に説明しよう！ 【オーセンティックD】 2−3 まとめ	○国境は，どのように決められるのだろう？ ・小さい順に並べ替えよう！（A：モナコ，B：バチカン市国，C：新宿区，D：ユニバーサルスタジオジャパン） ・国境には，どのような種類があるのだろう？ 2−6 分類 ・アフリカの国々は，どうしてまっすぐな国境が多いのだろう？ 2−1 原因 ・どうして同じ国境なのに，こんなにもちがうのだろう？ （朝鮮半島とEU圏内を比較） 2−1 原因
❸好きな都市を３つ，緯度と経度で表そう！（友達３人にインタビュー） 【オーセンティックD】 2−4 例示	○国の場所は，どのように表されるのだろう？ ・世界の国３ヒントクイズ（緯度・経度・特徴） ・緯ンディー経ンズゲーム（※黒木実践）
❹地図と地球儀のちがいを，具体例を使って説明しよう！ 【オーセンティックD】 2−4 例示	○なぜ，いろいろな世界地図があるのだろう？ 2−1 原因 ・３つの二択クイズに回答し，それぞれ理由を説明しよう！ ①（○×クイズ）大阪から真東に進むと，ニューヨークに着く ②ロンドンとニューヨーク，大阪から近いのはどっち？ ③オーストラリアとグリーンランド，どちらが大きい？ ・どうして地図と地球儀でちがいがあるのだろう？ 2−1 原因 ・各種地図と地球儀のメリット・デメリットを説明しよう！ 2−7 多面的

【本単元の参考文献】
黒木寛久『授業がもっと面白くなる　中学校社会科ゲーム＆アクティビティ』明治図書，2021年

世界の姿 ❹

▶ 単元内の位置付け

　本時では，世界地図と地球儀の読み取り方と，それぞれのメリット・デメリットを学習する。本時は，世界の表され方と読み取り方というスキルの習得に重きを置いた学習になっている。そのため，一見では間違えそうな課題で「あれ？」「どうして？」と学習に巻き込み，地図と地球儀のちがいや用途を考えさせたい。

▶ 指導言でわかる！授業の流れ

(1) 活動 地名さがし

　個人戦，もしくはグループ戦で実施。全員起立し，教師が地名を言い，見つけた人（もしくは全員見つけたグループ）から座る。1位になった人（もしくはグループ）は，次のお題を言う権利がある。その繰り返しで5分ほど，地図帳で楽しく活動する。

(2) 活動 小型の地球儀を各グループに配付する。

　3つの二択クイズに回答し，それぞれ理由を説明しよう！

　①大阪から真東に進むと，ニューヨークに着く。○か×か？

　②ロンドンとニューヨーク，大阪から近いのはどっち？

　③オーストラリアとグリーンランド，どちらが大きい？

　地図帳と地球儀を利用し，答えと理由をグループで考える。

　→①×。真東に進むと南アメリカ大陸に着く。②ロンドンの方が近い。③オーストラリアの方が大きい。どれも，メルカトル図法でみると反対を選んでしまうクイズである。

(3) 発問 どうして地図と地球儀でちがいがあるのだろう？　　　✎2-1 原因

　→「地球は丸いのに，地図は平面だから」

　地図を描くためには，何かを正確に表すと，何かを正確に表せないことに気づかせる。

(4) 活動 各種地図と地球儀の長所・短所を説明しよう！　　　✎2-7 多面的

種類	長所（例）	短所（例）
メルカトル図法	地球全体をある程度正確にみることができる。	極に近づくにつれて，東西に大きくみえてしまう。
モルワイデ図法	面積が正しい。	場所によって，角度が変わる。
正距方位図法	・距離が正しい。 ・方位が正しい。	中央から離れるほど，形が崩れてみえる。
地球儀	地球の姿を正確にみることができる。	・持ち運びに不便である。 ・一度にすべてをみることができない。

(5) パフォーマンス課題 地図と地球儀のちがいを，具体例を使って説明しよう！　　　✎2-4 例示

世界の姿 ④

目標 地図と地球儀のちがいとそれぞれの用途を説明できる。

【活動１】世界地図や地球儀を使って調べよう！
①大阪から真東に進むと、ニューヨークに着く。〇か×か？

○ ・ ×

②ロンドンとニューヨーク、大阪から近いのはどっち？

ロンドン ・ ニューヨーク

③オーストラリアとグリーンランド、どちらが大きい？

オーストラリア ・ グリーンランド

【活動２】世界地図と地球儀の長所と短所をまとめよう！

地図名	長所	短所
メルカトル図法		
モルワイデ図法		
正距方位図法		
地球儀		

【パフォーマンス課題】地図と地球儀のちがいを、具体例を使って説明しよう！

日本の姿

単元構成のねらい

　本単元は，地理学習の２番目の単元である。世界の中での日本の位置を捉え，その中で時差や領土問題を学習していく。そのため，本単元でも，地理学習の基本的な知識やスキルの獲得に重点を置いたデザインとなっている。領土問題を取り上げることでオーセンティックな学びにつながるが，本単元ではそういった問題と出会い，現時点での判断をすることにとどめ，歴史的分野の学習を踏まえて，公民的分野で本格的にこの問題を扱いたい。

単元の概念構造

〈本質的な問い〉領土は，どのように決め，守っていくべきだろうか？
〈単元の問い〉日本の領土問題は，どのように解決すべきか？
〈考えさせたい視点〉
・日本の位置とその特徴を捉える。
・経度の差によって，時差が生まれる。
・領土に関する国際的なきまりがあるが，解決していない課題もある。

オーセンティックな学びに近づけるポイント

知識の構築	国とは何か，領土問題の平和的解決策を考えるために，多面的・多角的に考え，知識を構築する。
学問に基づく探究	国とは何か，領土はどのように決めるべきかという重要な問いについて，資料をもとに探究し，平和的な解決策を考える。しかし，地理・歴史の重要な概念を踏まえる点は不足している。
学校を超えた価値	北方領土問題の平和的解決策を提案することはオーセンティックであり，外部への提案をすることも可能であるが，探究過程が十分ではない。

単元全体の課題設定のねらい

　オーセンティックな学びを重視するのであれば，単元の課題は領土問題を扱うべきである。しかし，地理・歴史ともに学習が不十分であること，そして単元で学習したことを多く活用することを重視し，今回の単元全体の課題を設定している。この課題だけで考えると不十分であるが，長期的な視点で，基本的な知識やスキルの獲得を重視することで，後の単元でのオーセンティックな学びにつながるように意図している。

単元構成

単元全体の課題	1つの国を選び，日本に滞在中の宇宙人に，その国の場所や時差，特徴を紹介しよう！ 【オーセンティックD】 4-3 提案

パフォーマンス課題	○主発問　・サブ発問（課題）
❶1つの国を選び，「Happy New Year」を伝える電話をかけるときの日本の時刻を求めよう！ 【オーセンティックD】 2-4 例示	○各国の時間は，どのように決められるのだろう？ ・世界の都市の「今」を見てみよう！ ・どうして時差があるのだろう？ 2-1 原因 ・それぞれの国との時差を求めよう！ 2-4 例示
❷小学生からの「国って何？」という質問に答えよう！ 【オーセンティックD】 2-4 例示	○「国」とは，何だろう？ 2-3 まとめ ・これって「国」なの？（シーランド公国）（※佐伯実践） 2-9 評価 ・どのような条件があれば，「国」と言えるだろう？ 2-4 例示
❸北方領土問題の平和的な解決策を提案しよう！ 【オーセンティックB】 4-3 提案	○領土は，どのように決められるのだろう？ 2-3 まとめ ・日本の四端クイズ ・北方領土について，それぞれの立場の人々の主張をまとめよう！ 2-8 多角的
❹都道府県の特徴を表した記念切手のイラストを提案しよう！ 【オーセンティックD】 4-3 提案	○都道府県は，どのように位置し，どのような特徴があるだろう？ 2-3 まとめ ・都道府県クイズ ①都道府県名と都道府県庁所在地名がちがうのはいくつ？ ②海に面していない都道府県はいくつ？ ③隣接県が一番多いのはどこ？ ・和歌山県には，どうして飛び地があるのだろう？ 2-1 原因

【本単元の参考文献】
佐伯侑大「国ってなに？『国家』概念を学ぶ」『社会科教育』2016年9月号，明治図書

日本の姿 ❷

▶ 単元内の位置付け

　本時は，シーランド公国という極端な事例を扱い，「どのような条件があれば国なのか」を議論することで，国とは何なのかを考える。まず，感覚的に答えられるようにし，次第に「みんなを納得させよう」や「根拠は？」と迫っていくことで，知的な議論を行うように，授業をデザインしていく。

▶ 指導言でわかる！授業の流れ

(1) 活動 地名さがし（p.38と同様）

(2) クイズ 国旗クイズ

　国旗を前に提示し，答えていく。多くの生徒が知っている国旗を3つほど提示し，生徒を前のめりにする。その後，シーランド公国の国旗を提示する。生徒は必死に考えるが，わからない。

(3) クイズ 「シーランド公国」はどんな国？

　シーランド公国の面積，人口，場所，国土の写真などをクイズ形式で紹介していく。次第に，教室は「これは国なのか？」という雰囲気に包まれる。

(4) 発問 シーランド公国は国なの？　　　　　　　　　　　　　　　　　🖉 2−9 評価

　まずは自分の立場を決め，その理由を考える。その後，それぞれの立場の意見を発表し，議論していく。その後，シーランド公国の経緯や現状を説明する。

国である立場の意見：国旗がある，国土も人口もいる。

国ではない立場の意見：自分で勝手に言っているだけ。狭いし，人口も少なすぎる。

(5) 発問 どのような条件があれば，国なの？　　　　　　　　　　　　　🖉 2−4 例示

　シーランド公国での議論を踏まえ，国とは何なのか，国の条件を考えていく。

　議論の後，モンテビデオ条約に示される国の条件を提示する。

　①永久的住民 ②明確な領土 ③政府 ④他国との関係（他国が認めている）

　ただし，条約は結んだ国同士で効力のあるものなので，この内容がすべてに適用されるものではないことを付け加える。

(6) パフォーマンス課題 小学生からの「国って何？」という質問に答えよう！　🖉 2−4 例示

日本の姿 ②

目標 国の範囲とその決まり方を説明できる。

【活動１】シーランド公国は国なのだろうか？

	（理由）
国である ・ 国ではない	

【活動２】どのような条件があれば、国と言えるのだろう？

【パフォーマンス課題】小学生からの「国って何？」という質問に答えよう！

人々の生活と環境

単元構成のねらい

　本単元は，大単元「世界の様々な地域」の最初の単元である。また，中単元「世界の諸地域」の前に位置付く単元でもある。そのため，前単元で学習した地理に関する基礎的な知識やスキルを土台とし，世界の気候と人々の生活を重ね合わせ，関係を探究していく。本単元で世界の概観をつかみ，次単元以降の本格的なオーセンティックな学びにつなげていく。

単元の概念構造

〈本質的な問い〉人々の生活と環境には，どのような関係があるのだろう？
〈単元の問い〉気候や宗教と人々の生活には，どのような関係があるだろう？
〈考えさせたい視点〉
・地球上の位置によって，共通した気候や異なる気候の分布がみられる。
・気候などの自然環境に合わせて，人々は衣食住などの生活を工夫している。
・社会の状況や人々の思いに追わせて，宗教が生まれ，人々の生活に影響を与えている。

オーセンティックな学びに近づけるポイント

知識の構築	観光パンフレットをつくるために，各地域の自然環境と生活との関わりを多面的・多角的に比較し，情報をまとめることで，知識を構築する。
学問に基づく探究	雨温図から自然環境の特徴を読み取り，地域ごとの生活の特徴を分析することで，自然環境と人との相互依存関係を探究していく。
学校を超えた価値	現実に直面する課題ではないが，観光パンフレットという身近で現実的な課題をゴールとしている。学校外に発信したり，見てもらったりすることで，学校を超えた価値が高まる。

単元全体の課題設定のねらい

　本単元の課題は，現実社会の課題や論争問題を扱うものではなく，単元で学習したことを使って表現するための課題である。この課題に取り組むために，各時間で地域ごとの人々の生活と環境の相互依存関係を学習していく。

単元構成

単元全体の課題	国や地域を１つ選び，観光パンフレットを作成しよう！ 【オーセンティックD】 4-3 提案

パフォーマンス課題	○主発問 ・サブ発問（課題）
❶世界地図中の４人がどこにいるか，メッセージからつきとめよう！ 【オーセンティックD】 4-2 課題解決	○世界の気候の分布には，どのような特徴があるだろう？ 2-3 まとめ ・どうしてサンタがサーフィンをしているのだろう？ 2-1 原因 ・雨温図を読み取ろう！ ・どのような場所に，どのような気候があるだろう？ 2-6 分類
❷１か月間，バンコクに行くノブナガくんに，日本とのちがいを３つアドバイスしよう！ 【オーセンティックD】 2-4 例示	○熱帯の人々は，どのような生活をしているのだろう？ 2-3 まとめ ・どうして稲刈りが終わった後の田の横で，田植えが行われているのだろう？ 2-1 原因 ・雨温図を読み取ろう！ ・熱帯の地域に住む人々の衣・食・住とその理由をまとめよう！ 2-3 まとめ
❸１か月間，リヤドに行くヒデヨシくんに，日本とのちがいを３つアドバイスしよう！ 【オーセンティックD】 2-4 例示	○乾燥帯の人々は，どのような生活をしているのだろう？ 2-3 まとめ ・サハラ砂漠と鳥取砂丘は，どうちがうのだろう？ 2-1 原因 ・雨温図を読み取ろう！ ・乾燥帯の地域に住む人々の衣・食・住とその理由をまとめよう！ 2-3 まとめ
❹１か月間，マドリードに行くイエヤスくんに，日本とのちがいを３つアドバイスしよう！ 【オーセンティックD】 2-4 例示	○温帯の人々は，どのような生活をしているのだろう？ 2-3 まとめ ・日本のリモコンのボタンの中で，イタリアでほとんど使われないボタンはどれだろう？　どうして？ 2-1 原因 ・雨温図を読み取ろう！ ・温帯の地域に住む人々の衣・食・住とその理由をまとめよう！ 2-3 まとめ
❺１か月間，オイミャコンに行くリョーマくんに，日本とのちがいを３つアドバイスしよう！ 【オーセンティックD】 2-4 例示	○寒帯・冷帯の人々は，どのような生活をしているのだろう？ 2-3 まとめ ・クイズ：アナ雪はどこの国？ ・寒い地域なのに，どうしてベンチに裸で座っている人がいるのだろう？ 2-1 原因 ・雨温図を読み取ろう！ ・冷帯・寒帯の地域に住む人々の衣・食・住とその理由をまとめよう！ 2-3 まとめ
❻１か月間，キトに行くペリーくんに，日本とのちがいを３つアドバイスしよう！ 【オーセンティックD】 2-4 例示	○高山気候の人々は，どのような生活をしているのだろう？ 2-3 まとめ ・赤道近くのキトとマナウス，どうしてこんなに雨温図がちがうのだろう？ 2-1 原因 ・雨温図を読み取ろう！ ・高山気候の地域に住む人々の衣・食・住とその理由をまとめよう！ 2-3 まとめ
❼１か月間，メッカに行くサイゴウくんに，日本とのちがいを３つアドバイスしよう！ 【オーセンティックD】 2-4 例示	○どうして宗教はおこり，広がっていくのだろう？ 2-1 原因 ・宗教クイズ ・各宗教と，人々の生活のつながりをまとめよう！ 2-3 まとめ ・各宗教の分布には，どのような特徴があるだろう？ 2-3 まとめ ・宗教はどのようなときにおこるのだろう？ 2-1 原因
❽観光パンフレットを作成しよう！ 【オーセンティックD】 4-3 提案	・観光パンフレットに載せる項目を決め，レイアウトを決めよう！ ・観光パンフレットを作成しよう！ ・自分の観光パンフレットを仲間にみてもらい，お互いにアドバイスしよう！

人々の生活と環境 ❺

▶ 単元内の位置付け

　本時は，気候帯の中の冷帯・寒帯を扱う。これまで，熱帯・乾燥帯・温帯と学習してきており，同じ流れで進めていく。まずは興味をひくクイズで始め，学習に誘う。次に，雨温図を読み取り，特徴をまとめる。そして，衣食住の特徴をまとめ，最後に，学習したことを用いた課題で応用させていく。

▶ 指導言でわかる！授業の流れ

(1) 活動 地名さがし（p.38と同様）

(2) クイズ （映画『アナと雪の女王』の抜粋を視聴し） どこの国の話だろう？　国名と根拠を 3つ説明しよう！

　→正解は，ノルウェー。根拠は4つある。1つ目は，気候。針葉樹林が広がる地域であるので，寒帯か冷帯に属する国である。2つ目は，地形。海岸沿いの入り組んだ地形であるフィヨルドがみられ，ノルウェーと推測できる。3つ目は，衣装。ブーナッドと呼ばれるノルウェーの民族衣装を着ている。4つ目は，ノルウェーのスターヴ教会である。これらのことから，ノルウェーだとわかる。

(3) 発問 （写真を提示し） 寒い地域なのに，どうしてベンチに裸で座っている人がいるのだろう？
　　　　　　　　　　　　　　　　　　　　　　　　　　　　　　　　✐ 2-1 原因

　→この地域（冷帯）は，冬は厳しく冷え込むが，夏があるため，夏場は暖かい気候となるから。

(4) 活動 この地域の雨温図を読み取ろう！

　①どこの雨温図？ ②縦軸は？ ③横軸は？ ④気温の特徴は？ ⑤降水量の特徴は？
　⑥気候帯は？ ⑦寒帯と冷帯（亜寒帯）で，共通するところとちがうところはどんなところだろう？

　共通するところ：冬の寒さが厳しい。

　ちがうところ：寒帯は年間を通して寒さが厳しいが，冷帯は短い夏がある。

(5) 活動 冷帯・寒帯の地域に住む人々の衣・食・住とその理由をまとめよう！ ✐ 2-3 まとめ

　衣：外出時は，保温性の高い服装をする。

　食：夏の間に栽培した野菜を保存食にしている。

　住：高床になっており，窓は二重・三重につくられ，壁も厚い。

(6) パフォーマンス課題 1か月間，オイミャコンに行くリョーマくんに，日本とのちがいを3つアドバイスしよう！
　　　　　　　　　　　　　　　　　　　　　　　　　　　　　　　　✐ 2-4 具体例

人々の生活と環境 ⑤

目標 寒い地域の人々の生活の特徴を説明できる。

【活動１】雨温図を読み取ろう！

雨温図（略）	気候の特徴	
	降水量の特徴	
	気候帯	
雨温図（略）	気候の特徴	
	降水量の特徴	
	気候帯	
冷帯と寒帯の共通するところ		
冷帯と寒帯のちがうところ		

【活動２】冷帯・寒帯の地域に住む人々の衣・食・住とその理由をまとめよう！

	特徴	理由
衣		
食		
住		

【パフォーマンス課題】１か月間、オイミャコンに行くリョーマくんに、日本とのちがいを３つアドバイスしよう！

アジア州

単元構成のねらい

　本単元は，世界の各州の学習のスタートである。アジア州のテーマは，経済発展である。自然環境，人口，産業などの各地域の特徴が，経済発展にどのように影響しているのかを学習し，どの国が今後さらに経済発展するかを考えていく。

単元の概念構造

〈本質的な問い〉経済発展には，どのような要因が関係しているのだろう？

〈単元の問い〉どうしてアジア州は，経済発展が進んでいるのだろう？

〈考えさせたい視点〉

・平地で水を得やすいところ（海沿いや降水量の多いところ）に人口は集まる。

・安い資源や労働力が豊富なところには，工場が集まり，経済が発展する。

・希少性の高いものがあると，貿易による利益などで，経済が発展する。

オーセンティックな学びに近づけるポイント

知識の構築	アジアで今後さらに経済発展する国を考えるために，各国の経済発展の要因を分析し，自身の考えをまとめ，知識を構築する。
学問に基づく探究	資料をもとに，アジア州の各地域の経済発展の要因を分析する。また，それぞれの状況を比較し，将来像を類推する。
学校を超えた価値	直接社会に働きかける課題ではないが，現在の社会状況を踏まえて，将来像を類推するため，現実社会とのつながりがある。

単元全体の課題設定のねらい

　本単元のテーマである経済発展について，現状を分析し，今後の発展を予測し，説得力のある理由で表現する課題である。各国や地域の異なる経済発展の状況を比較するために，各時で学習した内容をまとめる必要がある。社会的課題を扱わないが，現実社会を予測し，提案する点で，社会とのつながりがある。

単元構成

単元全体の課題	アジア州で，2050年にさらに経済発展している国はどこだろう？ 1つの国を選び，現在の経済発展の理由と，これからさらに発展する根拠を説明しよう！ 【オーセンティックC】 4-1 意思決定

パフォーマンス課題	○主発問　・サブ発問（課題）
❶アジアの地域ごとのオススメ旅行スポットを紹介しよう！ 【オーセンティックD】 2-4 例示	○アジア州の地形や気候には，どのような特徴があるだろう？　2-3 まとめ ・クイズ：世界高層ビルランキング → どうしてアジア州に多いのだろう？ ・世界で一番降水量の多いまちがアジア州にある。どこだろう？　都市名と理由を考えよう！　2-1 原因 ・アジア州の地域区分ごとに，地形や気候の特徴をまとめよう！　2-3 まとめ
❷今後，経済発展しそうな国や地域を予想し，理由を説明しよう！ 【オーセンティックC】 2-2 結果	○どのようなところに人口が集まり，経済発展するのだろう？　2-3 まとめ ・アジア料理クイズ → アジアの自然環境の特徴　2-6 分類 ・どのようなところに，人口は集中するだろう？ ・人口が少ないのは，どのようなところだろう？ ・人口増加と経済発展に必要なものは何だろう？　2-1 原因
❸中国が経済発展を続けるには，どうすればいいだろう？ 【オーセンティックC】 4-2 課題解決	○中国は，どのように経済発展し，どのような課題があるだろう？　2-3 まとめ ・どのようなところに，人口が集中しているだろう？ ・どうして100円ショップの商品は安いのだろう？（※小谷実践）　2-1 原因 ・どうして中国は，経済発展したのだろう？　2-1 原因 ・人口増加，産業発展による課題は何だろう？　2-2 結果
❹ミャンマーが経済発展するには，どうすればいいだろう？ 【オーセンティックC】 4-2 課題解決	○東南アジアの国々は，どのように経済発展し，どのような課題があるだろう？　2-3 まとめ ・東南アジア国旗クイズ ・どのようなところに，人口が集中しているだろう？ ・どうして東南アジアから輸入するのだろう？　2-1 原因 ・東南アジアの産業には，どのような特徴があるだろう？　2-3 まとめ ・東南アジアの産業の課題は何だろう？　2-2 結果
❺インドに自動車工場をつくるなら，どこに工場をつくり，どのような車をつくる？ 【オーセンティックC】 4-1 意思決定	○インドは，どのように経済発展し，どのような課題があるだろう？　2-3 まとめ ・インドクイズ（※河原実践） ・どのようなところに，人口が集中しているだろう？ ・どのような方法で，発展しているだろう？　2-1 原因 ・インドの課題は何だろう？　2-2 結果
❻サウジアラビアの石油依存脱却方法を提案しよう！ 【オーセンティックC】 4-3 提案	○西アジアの国々は，どのように経済発展し，どのような課題があるだろう？　2-3 まとめ ・オイルマネークイズ ・どのようなところに，人口が集中しているだろう？ ・どのような方法で，発展しているだろう？　2-1 原因 ・サウジアラビアの課題は何だろう？　2-2 結果
❼アジア州で，2050年にさらに経済発展している国はどこだろう？ 【オーセンティックC】 2-9 評価 4-1 意思決定	・単元全体の課題に対して，自分の意見をまとめよう！ ・グループで発表し，質問と意見を交換しよう！ ・質問・意見を踏まえて，自分の意見を修正しよう！

【本単元の参考文献】
河原和之『続・100万人が受けたい「中学地理」ウソ・ホント？授業』明治図書，2017年
小田忠市郎『新・モノでまなぶ世界地理』地歴社，2009年

▶ 単元内の位置付け

　本時は，アジア州の最初の授業である。まずは，単元全体のテーマをつかむために，世界高層ビルランキングを扱い，人口増加と経済発展に気づかせ，単元全体の課題を提示する。次に，世界で一番降水量の多いまちを考えることで，ヒマラヤ山脈という地形と季節風というアジア州の特徴を学習する。そして，地域区分ごとに特徴をまとめ，次時以降の学習につなげる。

▶ 指導言でわかる！授業の流れ

(1) クイズ 世界高層ビルランキング，1位はどこの国の建物だろう？

　→1位は，UAE のブルジュ・ハリファ。トップ10の中にアジア州の建物が9つもランクインしている。この事例から，アジア州の経済成長を実感させる。

(2)単元全体の課題提示：略

(3) 発問 世界で一番降水量の多いまちがアジア州にある。どこだろう？　その場所に☆印をつけ，理由を説明しよう！

2-1 原因

　生徒は，教科書や地図帳の資料をもとに考える。もしも正解を知っている生徒がいても，理由を説明しなければならないので，全員が熱中する。正解は，インドのチェラプンジとマウシンラム。大事なことは，なぜこの地域に降水量が多いのかを理解すること。ポイントは，地形と季節風で，北側にヒマラヤ山脈があり，南から湿った季節風が吹き込むことで，多量の雨をもたらす。理由を理解できれば，他の場面でも応用することができる。

(4) 活動 アジア州の地域区分ごとに，地形や気候の特徴をまとめよう！

2-3 まとめ

　東アジア：四季がはっきりしている。

　東南アジア：季節風の影響で，降水量が多い。温暖である。多くの島がある。

　南アジア：季節風の影響で，降水量が多い。温暖である。

　中央・西アジア：砂漠が多い。

(5) パフォーマンス課題 アジアの地域ごとのオススメ旅行スポットを紹介しよう！

2-4 例示

　アジア州の地形や気候の特徴を理解した上で，その知識を用いて，オススメ旅行スポットを提案する。

アジア州 ①

目標 アジア州の地形や気候の特徴を説明できる。

【活動 1】世界で一番降水量の多いまちは、どこだろう？
その場所に☆印をつけ、理由を説明しよう！

```
アジア州の地図を貼ってコピーください
```

（まちの名前）	（理由）

【活動 2】アジア州の地域区分ごとに、地形や気候の特徴をまとめよう！

地域	地形や気候の特徴
東アジア	
東南アジア	
南アジア	
中央アジア・西アジア	

【パフォーマンス課題】アジアの地域ごとのオススメ旅行スポットを紹介しよう！

ヨーロッパ州

単元構成のねらい

　ヨーロッパ州のテーマは，地域統合である。まず，自然環境とそこで行われる農業の特徴を学習する。次に，EU のメリット・デメリットを多面的・多角的に考察する。そして，EU 運営会議をクラス内で開き，より良い地域統合の在り方とその難しさを学習する。地理的に離れたテーマであるが，地域統合という点で，地球全体で切実な課題である。

単元の概念構造

〈本質的な問い〉地域統合は，社会を豊かにするだろうか？

〈単元の問い〉EU は，社会を豊かにするだろうか？

〈考えさせたい視点〉

・EU のメリット…市場の拡大，原料・資本・労働力の拡大，経済活性化，平和の構築

・EU のデメリット…一極集中（労働者，産業，資本），経済格差，補助金の負担

オーセンティックな学びに近づけるポイント

知識の構築	EU が必要であるかどうかという課題に対して，多面的・多角的な視点からメリット・デメリットを考える中で，自身の考えをまとめ，知識を構築する。
学問に基づく探究	資料をもとに，地域統合による貿易や産業の活性化などの利点，移民や一極集中などの課題について探究する。
学校を超えた価値	地域統合の必要性，在り方を問う課題であり，本質的な課題である。EU という離れた課題のため，身近さという点では弱いが，地球全体の課題として考えさせたい。

単元全体の課題設定のねらい

　EU の必要性を，多面的・多角的に考えることで，地域統合の在り方とその難しさを考える課題である。今回は，単元全体の学習内容を用いることと，わかりやすく多面的・多角的に考えられることを優先したため，EU 自体の必要性を問う課題としている。よりオーセンティックに近づけるためには，一つの国の状況を分析し，EU に加盟すべきかを判断する課題も考えられる。

単元構成

単元全体の課題	EU は必要？　不要？　その理由を多面的・多角的に説明しよう！ 【オーセンティックC】 `4－1 意思決定`

パフォーマンス課題	○主発問　・サブ発問（課題）
❶ヨーロッパのおすすめスポットを紹介しよう！ 【オーセンティックD】 `2－4 例示`	○ヨーロッパ州の地形や気候には，どのような特徴があるだろう？　`2－3 まとめ` ・ヨーロッパの世界一クイズ（各国の概要） ・どうして高緯度なのに，ヨーロッパ州は暖かいのだろう？ 　`2－1 原因`
❷ヨーロッパで料理店を開きます。その国でとれる食材を使って，看板メニューを考えよう！ 【オーセンティックD】 `2－4 例示`	○ヨーロッパの農業は，どのような特徴があるだろう？　`2－3 まとめ` ・ヨーロッパの料理クイズ→それぞれどの農業と関係が深いだろう？ ・3つの農業の分布と特徴をまとめよう！　`2－6 分類` ・ヨーロッパの食料自給率には，どのような特徴があるだろう？ 　`2－3 まとめ`
❸EU に入らない国に，EU の良さをアピールしよう！ 【オーセンティックC】 `2－3 まとめ`	○EU のメリットは何だろう？　`2－3 まとめ` ・どうして EU ができたのだろう？　`2－1 原因` ・どうして航空機を分担してつくっているのだろう？ ・EU のメリットを，多面的・多角的に考えよう！ ※グループごとに，多面的（人の動き，物の動き，通貨，産業），多角的（労働者，消費者，国，EU 全体）を分担する。 　`2－7 多面的`　`2－8 多角的`
❹EU に入っている国に，EU のデメリットをアピールしよう！ 【オーセンティックC】 `2－3 まとめ`	○EU のデメリットは何だろう？　`2－3 まとめ` ・EU クイズ（統合による日常に近いトラブル） ・EU のデメリットを，多面的・多角的に考えよう！ ※グループごとに，多面的（人の動き，物の動き，通貨，産業），多角的（ドイツやフランス，東ヨーロッパ）を分担する。 　`2－7 多面的`　`2－8 多角的`
❺各グループの報告書を踏まえて，各国は EU に加盟すべきか，自分の考えをまとめよう！ 【オーセンティックC】 `4－1 意思決定`	○EU への加盟は，どのような影響を与えるのだろう？　`2－2 結果` ・次の4つの課題を，グループで調査し，EU に加盟すべきか報告書をまとめよう！（各グループで分担）　`2－1 原因`　`2－2 結果`　`2－9 評価` ①イギリスは，なぜ EU を離脱したの？ ②トルコは，なぜ EU 加盟を認められないの？ ③ノルウェーは，なぜ EU に入らないの？ ④スイスは，なぜ EU に入らないの？
❻EU 運営会議の報告書を踏まえて，EU は必要なのか，自分の考えをまとめよう！ 【オーセンティックC】 `4－1 意思決定`	○EU は必要なのだろうか？　`4－1 意思決定` ・EU 運営会議に参加するために，担当する国の状況をグループで調べよう！（ドイツ，フランス，オランダ，ギリシャ，イギリス，ノルウェー，トルコ） ・各グループの代表者が集まり，EU 運営会議を開き，報告書を作成しよう！

ヨーロッパ州 ❸

▶ 単元内の位置付け

　本時は，EU のメリット・デメリットを，多面的・多角的に学習する。班ごとに 1 つずつ分担して調べ，全体共有しながら，多面的・多角的な視点を学習していく。次時では，同様の方法でデメリットを多面的・多角的に学習し，単元最後の EU 運営会議や単元全体の課題につなげる。

▶ 指導言でわかる！授業の流れ

(1) クイズ （EU 内のいくつかの国境を提示し）これらの写真の共通点は？

　→ EU 内の国境。

　EU に関する解説動画を視聴。

(2) 発問 どうして EU ができたのだろう？　　　　　　　　　　　　　🖉 2−1 原因

　→（例）戦争を繰り返さないために，資源を共同で利用し，EU でまとまることで，アメリカなどの大国に対抗できるようにするため。

(3) 発問 （航空機を分担して製造している資料を提示し）どうして航空機を分担してつくっているのだろう？　　　　　　　　　　　　🖉 2−1 原因

　→（例）各国の技術を活かし，共同で出資することでアメリカなどに対抗でき，ヨーロッパ内で争いが起きにくい。

(4) 活動 EU のメリットを，多面的・多角的に考えよう！　🖉 2−7 多面的　🖉 2−8 多角的

　※グループごとに，多面的（人の動き，物の動き，通貨，産業），多角的（労働者，消費者，国，EU 全体）を分担する。

【多面的】

人の動き：パスポートなしで自由に行き来できて便利。

物の動き：同じ製品の規格だと他の国でもそのまま使えて便利。

通貨：両替をする必要がなくなり便利。

産業：各国の強みを活かすことができる。

【多角的】

労働者：働く場所が増える。

消費者：関税がかからないので安く商品を購入できる。

国：自国でつくれないものを他国に頼ることができる。

EU 全体：争いが減りアメリカなどに対抗できる。

(5) パフォーマンス課題 EU に入らない国に，EU の良さをアピールしよう！　

　上記の活動を組み合わせ，アピール文を作成する。

ヨーロッパ州 ③

目標 EU のメリットを説明できる。

【活動１】どうして EU ができたのだろう？

EU が できた	←	

【活動２】どうして航空機を分担してつくっているのだろう？

航空機を 分担	←	

【活動３】EU のメリットを、多面的・多角的に考えよう！

多面的	人の動き	
	物の動き	
	通貨	
	産業	
多角的	労働者	
	消費者	
	国	
	EU 全体	

【パフォーマンス課題】EU に入らない国に、EU の良さをアピールしよう！

▶ 単元内の位置付け

　本時は，これまでの EU の学習を踏まえ，クラスで EU 運営会議を行う。まず，グループで１つの国の状況や課題を調べ，EU に要求したいことをまとめる。次に，グループの代表者が集まり，パネルディスカッション形式で要求とそれに対する意見交換を行う。そして，全員で採決をとり，報告書にまとめる。最後に，自分で EU が必要なのかの考えをまとめる。この時間を通して，国ごとの思惑があり，まとめることが難しいことに気づき，地域統合の必要性やあるべき姿を考えさせたい。

▶ 指導言でわかる！授業の流れ

(1) 課題提示 「EU をより良くするために，EU 運営会議を行います」

　グループで担当する国を決める（議長，ドイツ，フランス，オランダ，ギリシャ，イギリス，ノルウェー，トルコ）。

(2) 活動 EU 運営会議に参加するために，担当する国の状況をグループで調べ，提案事項を決めよう！

　グループで担当する国の状況を調べる。そして，その国が EU に対して求めることを考え，提案事項をまとめる。他の国や EU 全体が納得できるように，根拠を明確に提示できるようにする。

(3) 活動 各グループの代表者と議長が集まり，EU 運営会議を開き，報告書を作成しよう！

　・パネルディスカッション形式で実施する。議長は，それぞれの状況と提案を聞き，会議参加者に提案への意見を聞く。採決をとる際は，クラス全体での挙手制で行う。決まった提案内容は，報告書に書き込む。

　・それぞれの国の意見が異なるため，意見をまとめることが難しいことを体験する。

(4) パフォーマンス課題 EU 運営会議の報告書を踏まえて，EU は必要なのか，自分の考えをまとめよう！

　　　　　　　　　　　　　　　　　　　　　　　　　　　　　4－1 意思決定

　EU 運営会議を踏まえて，単元全体の課題に向けて，EU が必要かどうか，自分の考えをまとめる。

ヨーロッパ州 ⑥

目標 EU のメリット・デメリットを踏まえて、自身の考えを表現できる。

【活動１】 EU 運営会議に向けて、担当する国の状況を調べ、提案事項を決めよう！

（担当する国）	（状況）

（提案事項）

【活動２】 EU 運営会議で決まった、報告書をまとめよう！

【パフォーマンス課題】 EU 運営会議の報告書を踏まえて、EU は必要なのか、
自分の考えをまとめよう！

必要 ・ 不要	（理由）

アフリカ州

単元構成のねらい

　本単元のテーマは，貧困である。貧困の要因を自然環境・産業・歴史・世界システムの側面から考えていく。世界システムの構造が不公平であり，貧困からの脱却を妨げていることに気づかせ，その解決策を考えていく。また，貧困をテーマとするが，一面的な理解に陥らないように，現在の経済成長している側面も取り上げ，解決策の手がかりとする。

単元の概念構造

〈本質的な問い〉貧困の連鎖を断ち切るには，どうすればいいだろう？

〈単元の問い〉アフリカの貧困を解決するには，どうすればいいだろう？

〈考えさせたい視点〉

・アフリカは，乾燥帯が多く，内陸地が多いため，発展しづらい環境であった。

・アフリカは，植民地時代からのプランテーションによるモノカルチャー経済から脱却できずに，経済が安定しない。

・アフリカは，ヨーロッパによる民族分断支配によって紛争が多く発生し，貧困と大きく関係している。

・生産者にとって不公平な世界システムによって，貧困からの脱却が難しい状況にある。

・アフリカは現在全体的にみれば，絶対的貧困は減り，経済成長しているところもある。

オーセンティックな学びに近づけるポイント

知識の構築	アフリカの貧困の解決策を提案するために，貧困の要因を多面的に考察し，解決策を考えることで，知識を構築する。
学問に基づく探究	資料をもとに，貧困の要因を自然環境・産業・歴史・経済などの視点から探究し，解決策を考えていく。
学校を超えた価値	現代の地球規模で解決すべき課題であるため，オーセンティックな課題である。他人事でなく，自身の行動に移す取り組みにつなげれば，さらにオーセンティックな課題となる。

単元全体の課題設定のねらい

　アフリカの貧困の要因を多面的に考え，解決策を提案するという，現実社会で起こる地球規模で解決すべき課題をテーマとしている。解決策については，複数のスケール（世界・国・企業・自分たち）で考えることで，他人事でなく自分も地球的課題解決の一員として考えるよう

になる。実際の行動まで含むことができれば，よりオーセンティックな学びとなる。

単元構成

単元全体の課題	アフリカの貧困の要因を多面的に説明し，解決策を提案しよう！ 【オーセンティックC】 `4-2 課題解決`
パフォーマンス課題	○主発問　・サブ発問（課題）
❶アフリカの貧困を，自然環境の面から説明しよう！ 【オーセンティックD】 `2-1 原因` `2-3 まとめ`	○アフリカ州の地形や気候には，どのような特徴があるだろう？ `2-3 まとめ` ・この写真は，アフリカのどこだろう？ ・次の3つの料理は，アフリカのどこの料理だろう？ ・アフリカの地域ごとの地形や気候の特徴をまとめよう！ `2-3 まとめ`
❷アフリカの貧困を，産業の面から説明しよう！ 【オーセンティックD】 `2-1 原因` `2-3 まとめ`	○アフリカの産業は，どのような特徴があるだろう？ `2-3 まとめ` ・ファクトフルネスクイズ ・資料から，アフリカの産業の特徴をまとめよう！ `2-3 まとめ` ・アフリカの産業の課題は何だろう？ `2-2 結果`
❸アフリカの貧困を，歴史の面から説明しよう！ 【オーセンティックD】 `2-1 原因` `2-3 まとめ`	○ヨーロッパの植民地支配は，現在のアフリカにどのような影響を与えているのだろう？ `2-3 まとめ` ・ファクトフルネスクイズ ・アフリカは，どうしてまっすぐな国境が多いのだろう？ `2-1 原因` ・人為的な国境によって，どのような問題が起きているだろう？ `2-2 結果`
❹アフリカの貧困の要因を，多面的・多角的にまとめよう！ 【オーセンティックD】 `2-7 多面的` `2-8 多角的`	○どうしてアフリカでは，貧困から抜け出せないところがあるのだろう？ `2-1 原因` ・ファクトフルネスクイズ ・チョコレートから世界システムを考えよう！ ・アフリカの貧困の原因は何だろう？ `2-1 原因` ・貧困の連鎖を断ち切るために，どうすればよいだろう？ `4-2 課題解決`
❺アフリカの貧困の要因を多面的に説明し，解決策を提案しよう！ 【オーセンティックC】 `2-1 原因` `4-2 課題解決`	・ファクトフルネスクイズ ・現在行われている，貧困解消のための取り組みを調べよう！ ・アフリカの貧困解決に向けて，誰が，何をすべきなのだろう？ ・単元全体の課題に対して，自分の意見をまとめよう！ ・グループで発表し，質問と意見を交換しよう！ ・質問・意見を踏まえて，自分の意見を修正しよう！

【本単元の参考文献】
ハンス・ロスリングほか『FACTFULNESS』日経 BP 社，2019年
椿進『超加速経済アフリカ』東洋経済新報社，2021年

▶ 単元内の位置付け

　本時は，アフリカの貧困からの脱却を妨げる世界システムの課題を扱う。身近なチョコレートを切り口に，生産者の過酷な労働と十分な賃金が支払われていない実態から，世界システムの不公平さに気づかせ，貧困の連鎖を断ち切るために必要なことを多面的・多角的に考えていく。

▶ 指導言でわかる！授業の流れ

(1) クイズ ファクトフルネスクイズ

　貧困という一面だけの理解に陥らないように，多様な情報を伝える。

(2) 活動 チョコレートから世界システムを考えよう！

・チョコレートの原料は？ →「カカオ」

・カカオはどこで生産される？ →「アフリカ」 資料（カカオ生産）を提示する。

・チョコレートをたくさん食べるのは，どこだろう？ →「(いわゆる) 先進国」
　資料（チョコレート消費）を提示する。

・どうして，アフリカはカカオの生産が多いのに，チョコレートの消費が少ないのだろう？
　→「貧しいから（素朴な答え）」

・（写真を提示し）この子たちは，チョコレートの味を知っているのだろうか？ →「知らない……」

・チョコレート１つ100円として，農家には何円が入るのだろう？ →「３円ほど」

・残りの97円は？ →「企業などの収入」 映画『コーヒーの真実』の予告編を視聴する。

(3) 発問 アフリカの貧困の原因は，何だろう？ 　　　　　　　　　✏ 2－1 原因

　→「生産者に十分なお金が渡っていないこと」「自分たちも，安いものを欲しいと思うから，それも原因の一つ」

(4) 発問 貧困の連鎖を断ち切るために，どうすればよいだろう？ 　　❗ 4－2 課題解決

　→「生産者にも，十分なお金が入るようにする」「フェアトレードの商品を買う」

(5) パフォーマンス課題 アフリカの貧困の要因を，多面的・多角的にまとめよう！

　　　　　　　　　　　　　　　　　　　　✏ 2－7 多面的 ✏ 2－8 多角的

【多面的】アフリカは，乾燥帯が多く，内陸地が多いため，発展しづらい環境であった。アフリカは，植民地時代からのプランテーションによるモノカルチャー経済から脱却できずに，経済が安定しない。アフリカは，ヨーロッパによる民族分断支配によって紛争が多く発生し，貧困と大きく関係している。生産者にとって不公平な世界システムによって，貧困からの脱却が難しい状況にある。など

【多角的】先進国が，自分の国の利益だけを考えているから。自分の企業の利益だけを考えているから。安いものを買おうとするから。など

アフリカ州 ④

目標 アフリカの貧困を、世界システムの面から説明できる。

【活動１】アフリカの貧困の原因は、何だろう？

貧困 ←

【活動２】貧困の連鎖を断ち切るために、どうすればよいだろう？

【パフォーマンス課題】アフリカの貧困の要因を、多面的・多角的にまとめよう！

多面的	
多角的	

北アメリカ州

単元構成のねらい

　本単元のテーマは，超大国と世界への影響である。アメリカはこれまで超大国として，政治・経済・産業・軍事など，あらゆる分野で世界をリードし，影響を与えてきた。その世界システムによる課題については，アフリカ州でも取り上げている。アメリカが超大国としてどのように影響を与えているか，身近な題材を事例に学習し，未来を予測して今後も超大国である，つまり，現在の枠組みが続くのかを考える。

単元の概念構造

〈本質的な問い〉超大国はどのような条件で成立し，世界にどのような影響を与えるのだろう？
〈単元の問い〉アメリカは今後も超大国でいるだろうか？
〈考えさせたい視点〉
・アメリカは，政治・経済・産業・軍事など，あらゆる分野で世界をリードし，世界に影響を与えている。
・アメリカの産業は，大量生産・大量消費を基本とする大規模で多国籍な経営で世界に影響を与えている。
・現在，様々な分野で枠組みの変化の可能性と，新たな枠組みの必要性が出てきている。

オーセンティックな学びに近づけるポイント

知識の構築	今後もアメリカが超大国であるかを判断するために，政治・経済・産業・軍事など，多面的な視点から分析し，自身の考えをまとめ，知識を構築する。
学問に基づく探究	世界システムやアグリビジネス，メガ企業が世界に与える影響を考察し，現状を分析して，今後もアメリカが超大国であるかを探究する。
学校を超えた価値	地球規模の構造や影響，つながりに関する課題であり，オーセンティックな課題である。ただし，学習者から遠い課題であるので，生活との関わりを重視し，つながりを感じさせる工夫が必要である。

単元全体の課題設定のねらい

　本単元全体の課題自体は，未来を予測するという分析段階の課題である。しかし，この課題を考えるために，学習者の身近な事例から各分野でのアメリカの影響とアメリカがつくりだす枠組み，そしてその課題について学習していく。その中で，自身もこの世界システムの一員であることを自覚し，今後の変化や進むべき方向性を考えることは，オーセンティックな課題である。

単元構成

単元全体の課題	アメリカは，2050年も超大国だろうか？　根拠をもとに，多面的に説明しよう！ 【オーセンティックC】 `4－2 課題解決`

パフォーマンス課題	○主発問　・サブ発問（課題）
❶北アメリカ州のオススメ旅行スポットを紹介しよう！ 【オーセンティックD】 `2－3 まとめ`	○北アメリカ州の地形や気候には，どのような特徴があるだろう？ `2－3 まとめ` ・どうして私たちの身の回りにはアメリカのものが多いのだろう？ `2－1 原因` ・この写真はどこの写真だろう？ ・地域ごとの自然環境の特徴をまとめよう！ `2－3 まとめ`
❷アメリカで料理店を開きます。その地域の食材を使って，看板メニューを考えよう！ 【オーセンティックD】 `2－4 例示`	○アメリカの農業には，どのような特徴があるだろう？ `2－3 まとめ` ・どうしてアメリカの農作物は安いのだろう？ `2－1 原因` ・アメリカの自然環境と農業は，どのように関係しているだろう？ `2－5 比較` ・アメリカの農業の特徴をまとめよう！ `2－3 まとめ`
❸アメリカの産業の課題を指摘し，その課題を解決する日本のオリジナル企業（商品）を提案しよう！ 【オーセンティックC】 `4－3 提案`	○アメリカの工業には，どのような特徴があるだろう？ `2－3 まとめ` ・どうしてジャマイカでは，陸上がさかんなのだろう？ `2－1 原因` ・アメリカで，それぞれの人種はどのように分布しているだろう？ `2－6 分類` ・アメリカの自然環境と工業は，どのように関係しているだろう？ `2－5 比較` ・人種の分布と産業は，どのように関係しているだろう？ `2－5 比較` ・アメリカの産業は，世界にどのような影響を与えているのだろう？ `2－2 結果`
❹マクドナルドのビジネス戦略を提案しよう！ 【オーセンティックC】 `4－3 提案`	○アグリビジネスは，世界にどのような影響を与えているのだろう？ ・オリジナルバーガーをつくろう！ ・どうしてマクドナルドは，こんなに安いのだろう？ `2－1 原因` ・アグリビジネスのメリット・デメリットを説明しよう！ `2－7 多面的`
❺アメリカは，2050年も超大国だろうか？ 【オーセンティックC】 `4－2 課題解決`	○多国籍企業は，世界にどのような影響を与えているのだろう？ `2－2 結果` ・もしもアメリカの企業がなくなったら，どうなるだろう？ ・メガ企業は，世界にどのような影響を与えているだろう？ `2－2 結果` ・どうしてアメリカには，メガ企業が多いのだろう？ `2－1 原因`
❻アメリカは，2050年も超大国だろうか？ 【オーセンティックC】 `4－2 課題解決`	○アメリカは，超大国で居続けるのだろうか？ ・政治・経済・産業・軍事の各分野の世界の状況を，グループで調べよう！ `2－7 多面的` ・各分野でアメリカは超大国で居続けるか，評価しよう！ `2－9 評価`

【本単元の参考文献】
川北稔『世界システム論講義』ちくま学芸文庫，2016年

▶ 単元内の位置付け

　本時では，多国籍企業の経営を支えるアグリビジネスの功罪について学習する。大量生産・大量消費のアメリカ型の社会を支える，計画的な経営によって安く大量に生産できる一方，農家の労働条件や品質の問題などを考え，これからのファストフードの戦略を考える。パフォーマンス課題は，商品の提案でもよいし，しくみやサービスの提案でもよい。

▶ 指導言でわかる！授業の流れ

(1) 活動 （近くのスーパーのチラシを配付し）オリジナルバーガーをつくろう！

・自分のつくるハンバーガーを決め，必要な材料をチラシから探す。

・自分のつくったオリジナルバーガーの値段はいくらぐらい？

・オリジナルバーガーに使う食材の値段を合計していく。原材料費に加えて，人件費や利益も加える必要があることを伝える。

・マクドナルドのメニュー一覧を提示する。マクドナルドのメニューの安さに驚く。

(2) 発問 どうしてマクドナルドは，こんなに安いのだろう？　　　　　✐ 2－1 原因

　→「安い材料を使っているのでは？」「人件費が安いのでは？」

・マクドナルドのPR動画などを視聴し，安さの秘密を知る。

・自社生産や契約農家など，アグリビジネスの手法について説明する。

(3) 活動 アグリビジネスのメリット・デメリットを説明しよう！　　　✐ 2－7 多面的

メリット：企業が計画的に管理するため，安く大量に仕入れることができ，商品も安くなる。

デメリット：商品の値段を下げようと，農家に適切な報酬が入らない場合がある。大量生産を前提としている場合が多く，品質が心配である。

(4) パフォーマンス課題 マクドナルドのビジネス戦略を提案しよう！　　　❗ 4－3 提案

アグリビジネスのメリット・デメリットを踏まえて，これからのファストフードの戦略を考える。新商品の提案でもよいし，ファストフードの新たなしくみについて考えたり，新たなサービスを提案してもよい。

北アメリカ州 ④

目標 アグリビジネスの特徴と世界に与える影響を説明できる。

【活動１】オリジナルバーガーをつくろう！

（バーガー名）	（値段）	材料	値段
（イラスト）			

【活動２】どうしてマクドナルドは、こんなに安いのだろう？

安い	←	

【活動３】アグリビジネスのメリット・デメリットを説明しよう！

メリット	デメリット

【パフォーマンス課題】マクドナルドのビジネス戦略を提案しよう！

南アメリカ州

単元構成のねらい

　本単元のテーマは，「持続可能な開発」である。アマゾン川流域の熱帯林の減少とそれによる地球温暖化などの環境問題の発生という顕著な事例をもとに，地球規模での課題を考えていく。その現状を理解するために，南アメリカ州の自然環境，産業，歴史的背景などの特徴をまとめる。そして，単元内でバイオ燃料の是非を議論し，単元全体の課題につなげていく。単に環境を守るという視点ではなく，持続可能な開発という視点で考えさせたい。

単元の概念構造

〈本質的な問い〉持続可能な開発を行うには，どうすればよいだろう？
〈単元の問い〉アマゾンの熱帯林を守り，持続可能な開発を行うにはどうすればよいだろう？
〈考えさせたい視点〉
・アマゾン川流域には，広大な面積を有し，多様な生物が生息する熱帯林がある。
・アマゾン川流域の熱帯林が，農園・鉱山・道路・鉄道などの開発によって切り開かれ，減少しており，地球温暖化などの環境問題が進んでいる。
・南アメリカ州の国々は，植民地時代に由来するプランテーションなどによるモノカルチャー経済が多かったが，近年は工業化が進んでいる。
・バイオ燃料は二酸化炭素の排出を抑えることが期待されているが，バイオ燃料を生産するために環境破壊が起こるなどの課題もある。

オーセンティックな学びに近づけるポイント

知識の構築	アマゾンの熱帯林を守り，持続可能な開発を行うためのプランを提案するために，南アメリカ州の自然環境，産業，歴史的背景などの多面的な視点から自身の考えをまとめ，知識を構築する。
学問に基づく探究	資料をもとに，アマゾンの熱帯林やそれに関する情報を集め，その要因を分析し，解決策を考えていく。
学校を超えた価値	地球規模の環境問題への解決策を考えるため，オーセンティックな学びである。自分たちから遠い事例であるため，自分ごとに引き付けたり，自分の身の回りに重ねて考えさせたりする手立てが重要である。

単元全体の課題設定のねらい

　本単元全体の課題は，地球規模の環境問題への解決策を考えるため，オーセンティックな課

題である。環境を守るという視点ではなく，多面的・多角的な視点から持続可能な開発を考えることが大切である。

単元構成

単元全体の課題	アマゾンの熱帯林を守り，持続可能な開発を行うためのプランを提案しよう！ 【オーセンティックC】 4-3 提案
パフォーマンス課題	○主発問　・サブ発問（課題）
❶写真を使って，南アメリカ州の国を紹介しよう！ 【オーセンティックD】 2-3 まとめ	○南アメリカ州の地形や気候には，どのような特徴があるだろう？ 2-3 まとめ ・「母をたずねて三千里」は，どこの国？（※北村実践） ・南アメリカ州の自然環境の特徴をまとめよう！ 2-3 まとめ
❷南アメリカ州の国を1つ選び，その国の文化を紹介しよう！ 【オーセンティックD】 2-3 まとめ	○南アメリカ州の人口構成や文化には，どのような特徴があるだろう？ 2-3 まとめ ・リオのカーニバルやタンゴは，どうして生まれたのだろう？ 2-1 原因 ・南アメリカ州の歴史を，年代ごとにまとめよう！ 2-3 まとめ
❸南アメリカ州の国を1つ選び，産業発展プランを提案しよう！ 【オーセンティックC】 2-3 まとめ	○南アメリカ州の産業には，どのような特徴があるだろう？ 2-3 まとめ ・どうして日系人が多いのだろう？ 2-1 原因 ・南アメリカ州の農業の特徴をまとめよう！ 2-3 まとめ ・南アメリカ州の産業の課題は，何だろう？ 2-2 結果
❹バイオ燃料を増やすべきか，自分の意見を発表しよう！ 【オーセンティックC】 4-1 意思決定	○持続可能な開発を行うには，どうすればよいだろう？ 4-2 課題解決 ・アマゾンの現状を資料から読み取ろう！ ・バイオ燃料のメリット・デメリットを説明しよう！ 2-7 多面的 2-8 多角的 ・バイオ燃料を増やすべきか，グループの意見をまとめよう！ 3-3 価値判断 4-1 意思決定
❺アマゾンの熱帯林を守り，持続可能な開発を行うためのプランを提案しよう！ 【オーセンティックC】 4-3 提案	○持続可能な開発を行うには，どうすればよいだろう？ 4-2 課題解決 ・アマゾンの熱帯林の環境破壊の要因をまとめよう！ 2-1 原因 ・アマゾンの熱帯林を守る取り組みを調べよう！ ・アマゾンの熱帯林を守り，持続可能な開発を行うためのプランを，グループで出し合おう！ 4-3 提案

【本単元の参考文献】
北村明裕『子ども熱中！中学社会「アクティブ・ラーニング」授業モデル』明治図書，2015年

▶ 単元内の位置付け

　本時は，本単元全体の課題である持続可能な開発をメインで扱う。まずは，クイズからアマゾンの現状を知り，資料をもとに整理する。次に，バイオ燃料を増やすべきか，メリット・デメリットを考慮した上で，判断する。そして，様々な活動にはメリット・デメリットがあること，持続可能な開発の難しさを理解した上で，次時の単元のまとめにつなげていく。

▶ 指導言でわかる！授業の流れ

(1) クイズ アマゾンクイズ

　①アマゾンの熱帯林の面積は，日本の国土のおよそ何倍？ →「約17倍」

　②アマゾンには，全世界の約何％の生物がいる？ →「約25％」

　③2022年，どのくらいの熱帯林がなくなった？ →「秋田県とほぼ同じ面積」

(2) 活動 アマゾンの現状を，資料から読み取ろう！ （資料：例『未来へつなぐ地理資料集世界2023』新学社，2023年 p.95，97）

　・農地を広げるために，森林が伐採されている。

　・肉牛の飼育地を増やすために，森林が伐採されている。

　・鉱山を輸送するために，森林が伐採されている。

　・森林の伐採によって，漁獲量が減少している。

(3) クイズ （写真を提示し）何の写真だろう？ →「ガソリンスタンド」

　・どうして２種類あるのだろう？ →「ガソリンとバイオ燃料」

　・バイオ燃料って何？ →「植物などを原料にしてつくられる燃料」

　・バイオ燃料は，良いことばかりなのだろうか？

(4) 活動 バイオ燃料のメリット・デメリットを説明しよう！　✐2−7 多面的 ✐2−8 多角的

　メリット：二酸化炭素を吸収する植物を原料にしているため，実質二酸化炭素が増えない。

　デメリット：バイオ燃料をつくる植物を育てるために，森林が破壊されている。また，サトウキビやとうもろこしなどの原料の値段が上がっている。

(5) 活動 バイオ燃料を増やすべきか，グループの意見をまとめよう！

❓3−3 価値判断 ❗4−1 意思決定

　上記のメリット・デメリットをもとに，バイオ燃料を増やすべきか考える。

(6) パフォーマンス課題 バイオ燃料を増やすべきか，自分の意見を発表しよう！

❗4−1 意思決定

　グループでの議論を踏まえて，自身の意見を書き，発表する。

南アメリカ州 ④

目標 アマゾンの熱帯林の状況を理解し、バイオ燃料の是非について意見を書くことができる。

【活動１】アマゾンの現状を、資料から読み取ろう！

【活動２】バイオ燃料のメリット・デメリットを説明しよう！

メリット	デメリット

【活動３】バイオ燃料を増やすべきだろうか？

個人	増やすべき ・ 増やすべきでない	（理由）
グループ	増やすべき ・ 増やすべきでない	（理由）

【パフォーマンス課題】バイオ燃料を増やすべきか、自分の意見を発表しよう！

増やすべき ・ 増やすべきでない	（理由）

オセアニア州

単元構成のねらい

　本単元は，「世界の諸地域」の最後の単元である。この大単元では，これまで地域内の特徴と一般的共通性，そして地域を超えた地球規模でのつながりや課題を学習してきた。本単元では，これまでの学習で獲得した見方・考え方を働かせて，資料からオセアニア州の特徴を捉えていく。また，本単元のテーマは，他地域との結びつきである。これまでの歴史的な経緯と変化を踏まえて，今後の結びつきの在り方を考えていく。

単元の概念構造

〈本質的な問い〉どのような結びつきが，発展につながるのだろうか？
〈単元の問い〉オセアニア州の国々は，他地域とどのようなつながりを構築すべきだろうか？
〈考えさせたい視点〉
・オセアニア州は資源が豊富であるが，乾燥帯など人の住みにくい地域が多く，発展しづらい環境であった。
・オーストラリアは，イギリスの植民地であったことからイギリスとの結びつきが強かったが，近年はアジアとの結びつきが強くなっている。
・相手国との距離，産業，経済状況，文化，ニーズなどを考慮して，結びつきを構築することで，発展につながる。

オーセンティックな学びに近づけるポイント

知識の構築	オセアニア州の国が発展するための結びつきを考えるために，多面的・多角的に考察し，自身の考えをまとめ，知識を構築する。
学問に基づく探究	オーストラリアを事例に，歴史的な経緯，現在の結びつきを学習し，歴史的な視点と地理的な視点，経済的な視点の分析から，あるべき未来像を探究する。
学校を超えた価値	内容は現実社会で実際に起こる課題である。ただし，課題自体は学習者から遠く，発信することも難しい。

単元全体の課題設定のねらい

　本単元の課題は，他地域との結びつきの在り方を考えるための課題である。その国の歴史的な経緯や地理的な条件，経済状況を踏まえて，他地域とどのように結びつき，産業を発展させていくかを考えていく。課題自体は自身から遠い課題であるが，現実社会の世界全体に関わる課題であり，他にも応用できる見方・考え方を鍛えることができる。「日本がどう結びつくか」

という課題にすれば，学習者との距離は近くなるが，主語が変わると重点も変わる。

単元構成

単元全体の課題	オセアニア州の国を1つ選び，産業と外交の面から経済発展プランを提案しよう！ 【オーセンティックC】 `4-3 提案`

パフォーマンス課題	○主発問 ・サブ発問（課題）
❶写真を使って，オセアニア州の国を紹介しよう！ 【オーセンティックD】 `2-3 まとめ`	○オセアニア州の地形や気候には，どのような特徴があるだろう？ `2-3 まとめ` ・「ニモ」はどこにいるのだろう？ ・オセアニア州の地域ごとの地形や気候の特徴をまとめよう！ `2-3 まとめ`
❷オーストラリアに工場をつくるなら，どこに，どんな工場をつくる？ 【オーセンティックD】 `4-3 提案`	○オセアニア州の産業は，どのような特徴があるだろう？ `2-3 まとめ` ・どうして羊は家畜として優れているのだろう？（※北村実践） `2-1 原因` ・どうしてオーストラリアでは，羊毛がさかんなのだろう？ （地理的要因・歴史的要因） `2-1 原因` ・オセアニア州の産業の特徴をまとめよう！ `2-3 まとめ`
❸多文化社会の実現に向けて行われている取り組みを紹介しよう！ 【オーセンティックD】 `2-3 まとめ`	○どうして外国生まれのオーストラリア人の出身地の内訳は変化しているのだろう？ `2-1 原因` ・外国生まれのオーストラリア人の出身地の内訳の変化を読み取ろう！ ・外国生まれのオーストラリア人の出身地の内訳の変化の理由を，年表から読み取ろう！ `2-1 原因` ・どうしてオーストラリアでは，白豪主義がとられたのだろう？ `2-1 原因` ・どうしてアジアの国々の人々が増えているのだろう？ `2-1 原因`
❹オセアニア州の国を1つ選び，産業と外交の面から経済発展プランを提案しよう！ 【オーセンティックC】 `4-3 提案`	○オセアニア州の国々は，現在世界とどのように結びついているのだろう？ `2-3 まとめ` ・資料から，オセアニア州の世界との結びつきを読み取ろう！ ・オセアニア州の各国の現在の取り組みを調べよう！ ・グループで，単元全体の課題に向けて，意見交換しよう！

【本単元の参考文献】
北村明裕『子ども熱中！中学社会「アクティブ・ラーニング」授業モデル』明治図書，2015年

▶ 単元内の位置付け

　本時は，オセアニア州の導入である。ニモがどこにいるかという課題から，オーストラリアの地形を学習し，地形や気候の特徴をまとめていく。そして，オセアニア州の多様な写真から，オセアニア州の多様な国々について調べることで，様々な国の特徴を理解し，次時以降の探究につなげていく。

▶ 指導言でわかる！授業の流れ

(1) 活動 　ニモはどこにいるだろう？　映像から予想して都市名とその理由を答えよう！

『ファインディング・ニモ』の映像を視聴し，教科書や地図帳を手がかりに，ニモのいる都市を考える。

　→正解は，シドニー。オペラハウスやハーバーブリッジが印象的である。また，はじめに過ごしていた場所がグレートバリアリーフであることも補足すると，オセアニア州のイメージがふくらむ。

(2) 活動 　地名さがし

　見つけた地域の写真を提示しながら，オセアニア州のイメージを広げていく。

(3) 活動 　オセアニア州の地域ごとの地形や気候の特徴をまとめよう！　　　✎ 2-3 まとめ

　オーストラリア大陸（内陸部）：（例）大規模な地震や火山のない地域。乾燥した草原や砂漠が広がっている。

　オーストラリア大陸（南東部や南西部）：（例）比較的降水量が多い温暖湿潤気候や地中海性気候である。

　ニュージーランド：（例）地震や火山が多い。西岸海洋性気候で，一年中適度な雨が降る。

　太平洋の島々：（例）雨の多い熱帯の気候である。

(4) パフォーマンス課題 　提示された写真が何かを調べ，その国を紹介しよう！　　✎ 2-3 まとめ

　下の4つの写真をグループごとに割り当て，まずはその写真が何を表す写真なのかを調べ，その内容を含めて，その国を紹介する。（※写真は，他の例でも構わない）

①オーストラリアのエアーズロックの写真

②ラグビーニュージーランド代表のハカの写真

③ニュージーランドのフィヨルドランド国立公園の写真

④ツバルの様子を表す写真

オセアニア州 ①

目標 オセアニア州の地形や気候の特徴を説明できる。

【活動１】ニモはどこにいるだろう？

（都市名） 都市の場所に☆印をつけよう！	（理由）

【活動２】オセアニア州の地域ごとの地形や気候の特徴をまとめよう！

地域	地形や気候の特徴
オーストラリア大陸 （内陸部）	
オーストラリア大陸 （南東部や南西部）	
ニュージーランド	
太平洋の島々	

【パフォーマンス課題】提示された写真が何かを調べ、その国を紹介しよう！

写真	国名	紹介文
①（略）		
②（略）		
③（略）		
④（略）		

日本の地域的特色①

単元構成のねらい

　本単元は，これまでの世界をスケールとした学習を受け，比較を通して日本の地域的特色を捉えていく単元である。ここでは，日本の自然環境の特徴である，災害をテーマとする。分野ごとに日本の特徴を捉えた上で，日本全体と地域の災害リスクをもとに，対策パンフレットを作成する。

単元の概念構造

〈本質的な問い〉災害から地域を守るためには，どのような対策や取り組みが必要だろう？
〈単元の問い〉日本やその地域では，どのような災害対策が必要だろう？
〈考えさせたい視点〉
・日本は，環太平洋造山帯に属し，地震をはじめとする災害の多い地域である。
・日本は，災害の多い地域であるため，災害への対策が必要である。
・災害への備えや対策として，自助・公助・共助それぞれの視点で考える必要がある。

オーセンティックな学びに近づけるポイント

知識の構築	災害対策パンフレットを作成するために，日本全体や地域の災害リスクや被害，対策を多面的・多角的に考えて情報をまとめ，知識を構築する。
学問に基づく探究	資料をもとに，自然災害の視点，歴史的な視点，地域コミュニティの視点などから災害対策を分析し，対策や取り組みに必要なことを探究する。
学校を超えた価値	地域の小学生向けの災害対策パンフレットを作成することは，社会にとって価値のあるオーセンティックな課題である。

単元全体の課題設定のねらい

　本単元全体の課題は，地域の小学生向けの災害対策パンフレットを作成する課題である。内容的にも，現実社会とつながり，必要性もある課題である。小学校や市の担当へ発信，発表する機会を持つことができれば，よりオーセンティックな課題となる。

単元構成

単元全体の課題	日本の自然環境の課題を指摘し，小学生向けの災害対策パンフレットを作成しよう！【オーセンティックB】 4-3 提案

パフォーマンス課題	○主発問 ・サブ発問（課題）
❶造山帯に属する日本の良さを，世界にアピールしよう！【オーセンティックD】 2-3 まとめ	○造山帯に属する地域は，どのような特徴があるだろう？ 2-3 まとめ ・日本はどっちクイズ（世界との比較） ・どうして日本は自然災害が多いのだろう？ 2-1 原因 ・資料読み取りから世界と日本を比較しよう！ 2-5 比較 ・造山帯に属するのは，悪いことばかりなのだろうか？ 2-7 多面的
❷日本の平野・海岸・海の良さを，世界にアピールしよう！【オーセンティックD】 2-3 まとめ	○日本の地形には，どのような特徴があるだろう？ 2-3 まとめ ・日本はどっちクイズ（世界との比較） ・資料読み取りから世界と日本を比較しよう！ 2-5 比較 ・川がつくる地形の特徴は何だろう？ 2-3 まとめ
❸日本の気候区分ごとの特色を活かしたビジネスプランを提案しよう！【オーセンティックD】 4-3 提案	○日本の気候は，区分ごとにどのような特徴があるだろう？ 2-6 分類 ・タダで泊まれるホテル，その条件は？（※河原実践） 2-1 原因 ・高校野球の優勝回数の多い都道府県，優勝経験のない都道府県と，その理由は？ 2-1 原因 ・どうして日本の中で，気候が異なるのだろう？ 2-1 原因 ・日本の気候区分ごとの特徴をまとめよう！ 2-3 まとめ
❹地域の災害対策パンフレットをもとに，地域の課題と必要な対策をまとめよう！【オーセンティックB】 2-3 まとめ	○日本の自然災害には，どのような特徴があるだろう？ 2-3 まとめ ・そのとき，あなたはどうする？（大川小学校の状況の追体験） ・そのとき，あなたはどうする？（釜石の奇跡の追体験） ・日本で起こる自然災害とその被害をまとめよう！ 2-3 まとめ ・自然災害に備えて，どのような対策が行われているのだろう？
❺日本の自然環境の課題を指摘し，小学生向けの災害対策パンフレットを作成しよう！【オーセンティックB】 4-3 提案	○災害に対して，どのような対策が必要なのだろう？ ・地域のハザードマップを用いて，災害が起こったときのための家族会議をしよう！ ・地域には，どのような災害リスクがあるのだろう？ ・災害に備えて，どのような対策が必要だろう？

【本単元の参考文献】
河原和之『100万人が受けたい「中学地理」ウソ・ホント？授業』明治図書，2012年

▶ 単元内の位置付け

　本時は，単元の導入として位置付く。まずは，世界との比較を通して，日本の自然災害の多さを捉え，単元全体の課題を提示する。次に，その原因を自然環境の面から分析する。そして，デメリットだけでなく，メリットに目を向け，日本特有の良さをアピールする。

▶ 指導言でわかる！授業の流れ

(1) クイズ 数字クイズ

・1564，何の数字だろう？ →日本およびその近海で起きた地震の回数（2019年）

・2011.3.11，何の数字だろう？ → 「東日本大震災が起きた日」

・東日本大震災の映像を視聴する。

(2) クイズ 日本はどっちクイズ（世界との比較）

高速道路を支える柱の写真を，日本・フランスと並べて提示する。柱が太く，頑丈なつくりの方が日本である。

どうして日本は頑丈につくっているのだろう？ → 「地震が多いから」

(3) 発問 どうして日本は自然災害が多いのだろう？　　　　　🖉 2−1 原因

素朴な考えで予想させた後，資料（世界の地震の発生場所と規模を視覚化したもの）を提示する。

どういうところが多い？ → 「円のようになっている」「日本も入っている」

(4) 活動 資料の読み取りから世界と日本を比較しよう！　　　🖉 2−5 比較

世界の地震の発生場所と規模を視覚化したもの，地球上のプレートをもとに比較する。

(5) 発問 造山帯に属するのは，悪いことばかりなのだろうか？　🖉 2−7 多面的

→ 「温泉がある」「地熱発電ができる」

(6) パフォーマンス課題 造山帯に属する日本の良さを，世界にアピールしよう！

🖉 2−3 まとめ

(5)の内容をもとに，日本の良さをアピールする。

日本の地域的特色 ①

目標 造山帯に属する日本の特徴を説明できる。

【活動１】 どうして日本は自然災害が多いのだろう？

【活動２】 世界と日本を比較しよう！

日本	世界

【活動３】 造山帯に属するのは、悪いことばかりなのだろうか？

【パフォーマンス課題】 造山帯に属する日本の良さを、世界にアピールしよう！

日本の地域的特色②

単元構成のねらい

　本単元は，日本の地域的特色の後編である。日本の自然環境を理解した上で，人口，資源・エネルギー，産業，交通・通信などの面の特徴を考察する。そして，それぞれの課題に対して，解決策を提案する。「世界の諸地域」で学習した内容や，見方・考え方を活かして，日本に応用させていくことがねらいである。

単元の概念構造

〈**本質的な問い**〉持続可能な発展のためには，どのような取り組みが必要だろうか？

〈**単元の問い**〉日本の持続可能な発展のためには，どのような取り組みが必要だろうか？

〈**考えさせたい視点**〉

・日本は，少子高齢化社会を迎えており，農村部での過疎化が深刻である。

・日本は，化石燃料による発電の割合が多く，クリーンな電力発電の方法が求められる。

・日本は，他の先進国と同様に，第三次産業の割合が増えており，日本の長所を活かし，他国と連携した産業構造が求められる。

オーセンティックな学びに近づけるポイント

知識の構築	日本の持続可能な発展プランを提案するために，日本の特徴と課題を多面的に考察する中で，情報をまとめ，知識を構築する。
学問に基づく探究	資料をもとに，様々な面から日本の特徴と課題を分析し，持続可能な発展に向けて，より良い解決策を探究する。
学校を超えた価値	日本の持続可能な発展プランを考えることは，現実社会で解決が求められる課題である。

【単元全体の課題設定のねらい】

　本単元全体の課題は，日本の持続可能な発展プランを提案することである。授業の中で，それぞれの面から日本の特徴と課題をつかむ。その中で，自分が探究したい課題を選び，その課題に対する発展プランを提案する。

【単元構成】

単元全体の課題	テーマ（人口，資源・エネルギー，産業，交通・通信）を1つ選び，日本の持続可能な発展プランを提案しよう！ 【オーセンティックC】 `4－3 提案`

パフォーマンス課題	○主発問　・サブ発問（課題）
❶2050年の日本の人口を予測し，必要な取り組みを提案しよう！ 【オーセンティックC】 `4－3 提案`	○日本の人口構成や分布には，どのような特徴があるだろう？　`2－3 まとめ` ・数字でクイズ（世界と日本の人口比較） ・資料読み取り（日本の人口の特徴） ・少子高齢化によって起こる課題をまとめよう！　`2－2 結果`
❷日本のエネルギーMIXを提案しよう！ 【オーセンティックC】 `4－3 提案`	○日本の発電方法は，どのように組み合わされるべきだろう？　`3－3 価値判断` ・電気はどこからくるのだろう？ ・発電方法ごとに，しくみ・メリット・デメリットをまとめよう！　`2－6 分類` `2－7 多面的`
❸日本の第1次産業の課題を指摘し，必要な取り組みを提案しよう！ 【オーセンティックC】 `4－3 提案`	○日本の第一次産業は，どのような特徴があるだろう？　`2－3 まとめ` ・大阪名物たこやきの自給率は？ ・日本の第一次産業の特徴は何だろう？　`2－3 まとめ` ・日本の第一次産業の課題は何だろう？　`2－2 結果`
❹日本の第2次産業の課題を指摘し，必要な取り組みを提案しよう！ 【オーセンティックC】 `4－3 提案`	○日本の第二次産業は，どのような特徴があるだろう？　`2－3 まとめ` ・どうして車を壊しているのだろう？ ・日本の工業の移り変わりをまとめよう！ ・日本の第二次産業の課題は何だろう？　`2－2 結果`
❺第一・二・三次産業をすべて取り入れたビジネスを提案しよう！ 【オーセンティックD】 `4－3 提案`	○日本の第三次産業は，どのような特徴があるだろう？　`2－3 まとめ` ・TOKIOの活動を，第一・二・三次産業に分類しよう！　`2－6 分類` ・写真と資料から，商業の変化をまとめよう！
❻めざせ観光立国！　日本は，どのような人をターゲットに，どのような取り組みを進めればよいだろう？ 【オーセンティックC】 `4－3 提案`	○日本の交通や通信は，どのような特徴があるだろう？　`2－3 まとめ` ・交通網の発達による変化をまとめよう！　`2－3 まとめ` ・輸送手段ごとのメリット・デメリットをまとめよう！　`2－6 分類` `2－7 多面的`
❼日本のオリジナル地域区分を発表しよう！ 【オーセンティックD】 `2－4 例示`	○地域は，どのように区分されるだろう？ ・何による区分か予想しよう！ ・7地方区分に分けたとき，それぞれの地域にはどのような特徴があるだろう？　`2－3 まとめ`

日本の地域的特色 ❷

▶ 単元内の位置付け

　本時は，日本のエネルギー供給の特徴と課題を捉え，適切なエネルギーMIXの方法を提案する。日本の状況を理解し，各発電方法のメリット・デメリットをまとめ，他国の状況を参考にしながら，エネルギーMIXを提案する。

▶ 指導言でわかる！授業の流れ

(1) クイズ 「電気」ってなに？　→「光っているもの」「何かを動かすもの」

　　・電気はどこからくるの？　→「コンセントから」「発電所で電気をつくっている」

　　・電気がなかったら，どうなるだろう？

　　→「スマホが使えない」「今の生活のほとんどができなくなる」

(2) 課題提示 日本のエネルギー事情を理解して，適切なエネルギーMIXの方法を提案しよう！

(3) 活動 発電方法ごとに，しくみ・メリット・デメリットをまとめよう！

> ✎ 2－6 分類　✎ 2－7 多面的

　　火力発電：化石燃料を燃やして得た熱を利用した発電方式。発電の効率が良く，発電量を調整しやすい。化石燃料を大量に使うため，二酸化炭素を多く輩出する。

　　原子力発電：原子力を利用して，核分裂時に発生するエネルギーを利用した発電方式。大量の電力をつくれ，二酸化炭素の排出が少ない。事故が発生すると，人類や環境に悪影響を及ぼす。

　　風力発電：風の力を利用した発電方式。環境に優しい。風に発電量が影響されるので，安定しない。

　　地熱発電：火山の多い地域の熱を利用した発電方式。環境に優しい。発電量が少なく，場所が限られる。

　　太陽光発電：太陽の光をエネルギーに変える発電方式。環境に優しく，家庭で電気がつくれる。設備に費用がかかり，天候に左右される。

(4) 発問 他国と比べて，日本のエネルギーMIXにはどのような特徴があるだろう？

> ✎ 2－5 比較

　　→エネルギー消費量が多く，火力発電の割合が大きい。

(5) パフォーマンス課題 日本のエネルギーMIXを提案しよう！

> ！ 4－3 提案

日本の地域的特色 ②

目標 エネルギー利用の現状を理解し、適切なエネルギーMIXの方法を提案することができる。

【活動1】発電方法ごとに、しくみ・メリット・デメリットをまとめよう！

発電名	しくみ	メリット	デメリット
火力発電			
原子力発電			
風力発電			
地熱発電			
太陽光発電			

【活動2】他国と比べて、日本のエネルギーMIXにはどのような特徴があるだろう？

【パフォーマンス課題】日本のエネルギーMIXを提案しよう！

0　　　　　　　　　　　　　　　　　　　　　50　　　　　　　　　　　　　　　　　　　100

（割合）

（理由）

81

九州地方

単元構成のねらい

　本単元は，「日本の諸地域」の最初の単元である。今後の単元の基礎となる単元であるため，テーマを自然環境とし，その上に農業・工業・人口・環境問題との関係を1つずつ重ね合わせて学習していく。そして，単元の最後には，諫早湾の干拓に関する社会的論争問題を取り上げ，論争問題に対する意見の立て方，議論の仕方，合意形成の仕方を学習する。

単元の概念構造

〈本質的な問い〉自然環境は，生活や社会にどのような影響を与えているのだろう？
〈単元の問い〉九州地方は，自然環境をどのように活かした生活をしているのだろう？
〈考えさせたい視点〉
・九州地方は火山が多く，その対策と，その特徴を活かした産業が行われている。
・九州地方は温暖な気候であり，その特徴を活かした産業が行われている。
・北九州工業地帯は，明治期には原料と燃料の調達に有利な条件を活かして発展したが，燃料や輸送手段の変化などによって，衰退した。

オーセンティックな学びに近づけるポイント

知識の構築	新たな産業を提案するために，選んだ地域の特色を多面的に考察し，情報をまとめることで，知識を構築する。
学問に基づく探究	自然環境と，農業・工業・人口・環境問題との関係を分析することで，自然環境の影響を探究していく。
学校を超えた価値	現実に直面する課題ではないが，地域の特色を活かした産業を提案することで，社会とつながりのある学習となっている。学校外に発信したり，提案したりすることで，学校を超えた価値が高まる。

単元全体の課題設定のねらい

　本単元全体の課題は，「九州地方の都道府県を1つ選び，その地域の特色を活かした新たな産業を提案しよう！」であり，単元内で学習した内容とのつながりを重視したものとなっている。本単元最後の授業の課題である「諫早湾の干拓を続けるべきか」の方が，現実社会で起こる社会問題であり，この課題を単元全体の課題として設定することも可能である。

単元構成

単元全体の課題	九州地方の都道府県を1つ選び，その地域の特色を活かした新たな産業を提案しよう！ 【オーセンティックC】 `4−3 提案`

パフォーマンス課題	○主発問　・サブ発問（課題）
❶九州地方のオススメ旅行スポットを紹介しよう！ 【オーセンティックD】 `2−4 例示`	○九州地方の自然環境には，どのような特徴があるだろう？ `2−3 まとめ` ・鹿児島県の生活クイズ ・どうして九州地方は，火山が多いのだろう？ `2−1 原因` ・九州地方で暮らす人々は，どのような工夫をしているだろう？ ・どうして宮崎県は，スポーツチームのキャンプ地として人気なのだろう？ `2−1 原因`
❷九州地方の地域ごとの農業の特徴をまとめ，PRポスターをつくろう！ 【オーセンティックD】 `4−3 提案`	○九州地方の農業は，どのような特徴があるだろう？ `2−3 まとめ` ・どうして福岡市に人口が集中するのだろう？ `2−1 原因` ・鹿児島県では，どのような農業を行っているのだろう？ ・宮崎県は，どうして農業がさかんなのだろう？ `2−1 原因`
❸九州地方の工業の移り変わりを，新聞記事にしよう！ 【オーセンティックD】 `4−2 課題解決`	○九州地方の工業は，どのように変化してきたのだろう？ `2−2 結果` ・どうして八幡製鉄所は，北九州につくられたのだろう？ `2−1 原因` ・北九州工業地帯は，どうして衰退したのだろう？ `2−1 原因` ・九州地方では，現在どのような工業が行われているのだろう？ `2−2 結果`
❹北九州市や水俣市の，持続可能な社会をめざす取り組みを新聞記事にしよう！ 【オーセンティックD】 `4−2 課題解決`	○持続可能な社会の実現には，どのような取り組みが必要だろう？ `2−3 まとめ` ・どうして水俣病は発生したのだろう？ `2−1 原因` ・現在，公害を起こさないために，どのような取り組みが行われているだろう？ `2−2 結果`
❺諫早湾の干拓を続けるべきか，それとも，堤防を開くべきか。意見文を書こう！ 【オーセンティックB】 `4−1 意思決定`	○諫早湾の干拓は，続けるべきだろうか？ `3−3 価値判断` ・諫早湾の干拓のメリット・デメリットを説明しよう！ `2−7 多面的` `2−8 多角的` ・それぞれの立場に分かれて，意見を考えよう！ ・諫早湾の干拓を続けるべきか，議論しよう！ ・諫早湾の干拓を続けるべきか，お互いが納得するプランを考えよう！

九州地方 ❶

▶ 単元内の位置付け

　本時は，九州地方の最初の授業である。地域の学習の最初の単元は，毎回自然環境の特徴を理解することが目的である。九州地方の自然環境の特徴である，火山が多いこと，鹿児島県には火山灰が降り注ぐシラス台地があること，宮崎県は冬でも温暖な気候であることなどを捉え，次時以降の学習につなげていく。

▶ 指導言でわかる！授業の流れ

(1) クイズ 鹿児島県の生活クイズ：空欄に入る言葉を考えよう！

　①晴れていても，（　　）が必要。②布団を（　　）まま，外出しない。③（　　）を開けっ放しにしない。④（　　）い服は着ない。（　　）い服も着ない。

　→①かさ　②干した　③窓　④黒・白　生活に関するクイズから学びに誘う。

　どうして？

　→「鹿児島県は火山灰が降るから」

　雲仙普賢岳の噴火や，阿蘇山のカルデラなどを紹介する。

(2) 発問 どうして九州地方は，火山が多いのだろう？　　　✎ 2−1 原因

　日本は環太平洋造山帯に属しており，特に九州地方は活火山が多いことを確認する。

(3) 発問 九州地方で暮らす人々は，どのような工夫をしているだろう？

　→火山灰への対策だけではなく，それを利用した商品の開発や，温泉，地熱発電などとして火山を利用している。

(4) 発問 どうして宮崎県は，スポーツチームのキャンプ地として人気なのだろう？　　　✎ 2−1 原因

　宮崎市と他の都道府県の都市の，2月の平均気温，降水量，日照時間を提示する。宮崎市は，気温こそ那覇市に敵わないものの，降水量が少なく，日照時間も長いため，2月のキャンプシーズンにスポーツをするのに適している。

(5) パフォーマンス課題 九州地方のオススメ旅行スポットを紹介しよう！　　　✎ 2−4 例示

　九州地方の多様な自然環境を学んだまとめとして，自然環境の特色を活かした旅行スポットを紹介する課題である。学習した知識を活用し，旅行で行きたくなるような場所を具体的に紹介する。

九州地方 ①

目標 九州地方の地形や気候の特徴を説明できる。

【活動1】 どうして九州地方は、火山が多いのだろう？

火山が
多い

【活動2】 九州地方で暮らす人々は、どのような工夫をしているだろう？

【活動3】 どうして宮崎県は、スポーツチームのキャンプ地として人気なのだろう？

スポーツ
チームの
キャンプ地
として人気

【パフォーマンス課題】 九州地方のオススメ旅行スポットを紹介しよう！

（場所）	（オススメの理由）

中国・四国地方

単元構成のねらい

　本単元のテーマは，交通の社会への影響と，人口，特に過疎問題である。交通網が人口や産業に与える影響を考察し，現代の過疎問題を解決するための地域おこしプランを提案する。

単元の概念構造

〈本質的な問い〉交通は，人々の生活にどのような影響を与えるだろう？
〈単元の問い〉交通網の発達によって，中国・四国地方はどのような影響を受けただろう？
〈考えさせたい視点〉
・中国・四国地方は，山陰・瀬戸内・南四国の3つの地域に分かれ，それぞれ気候が異なる。
・中国・四国地方は，地域ごとに地形や気候に合わせた産業が行われている。
・交通網が発達していれば人が集まり，産業が発展する。しかし，産業が衰退すると人口も減る。また，交通網が発達しても条件がそろえばストロー現象が起きる。

オーセンティックな学びに近づけるポイント

知識の構築	地域活性化プランを提案するために，過疎問題を自然環境・産業・交通などの面から多面的に考察し，知識を構築する。
学問に基づく探究	資料をもとに，自然環境・人口・産業と交通の関係を考察し，地域活性化プランを提案する。
学校を超えた価値	社会問題である過疎問題への解決策を提案するため，オーセンティックな課題である。外部との連携や発信する場面があれば，さらにオーセンティックとなる。

単元全体の課題設定のねらい

　本単元全体の課題は，地域おこしプランの提案である。自由に個人やグループで意見を出し合い，提案する形も良いが，本単元では議論を重視するように，条件をつけている。国からの予算という財源の限りを決めること，グループごとに担当地域を決めること，この2つの条件によって，1つに決める必要性が生まれ，合意形成が求められる。

単元構成

単元全体の課題	国から「地域活性化予算」が出るとすれば，どうする？　中国・四国地方の地域おこしプランを提案しよう！ 【オーセンティックB】 4-3 提案

パフォーマンス課題	○主発問　・サブ発問（課題）
❶中国・四国地方のオススメ旅行スポットを紹介しよう！ 【オーセンティックD】 2-4 例示	○中国・四国地方の自然環境は，どのような特徴があるだろう？　2-3 まとめ ・香川県は，どうしてため池が多いのだろう？　2-1 原因 ・山陰，瀬戸内，南四国の地形と気候の特徴をまとめよう！ 2-3 まとめ
❷高速道路 or 橋を1つ増やすなら，どこにつくる？ 【オーセンティックC】 4-3 提案	○交通網と人口は，どのような関係があるだろう？　2-1 原因 ・島根自虐伝クイズ（※河原実践） ・どうして山陰・南四国は，人口が少ないのだろう？ 2-1 原因 ・どうして山陰は，昔人口が多かったのだろう？　2-1 原因 ・交通網が整備されることのメリット・デメリットを説明しよう！ 2-7 多面的
❸山陰・南四国の産業プランを提案しよう！ 【オーセンティックC】 4-3 提案	○交通網と産業は，どのような関係があるだろう？　2-1 原因 ・各地の名産品クイズ ・どうして香川県は，うどんが有名になったのだろう？ 2-1 原因 ・どうして瀬戸内工業地域は発展したのだろう？　2-1 原因 ・地域ごとの産業の特徴をまとめよう！　2-3 まとめ
❹国から「地域活性化予算」が出るとすれば，どうする？　中国・四国地方の地域おこしプランを提案しよう！ 【オーセンティックB】 4-3 提案	○地域おこしのために，どのような取り組みをしているだろう？ 2-3 まとめ ・地域おこしクイズ ・地域おこしの取り組みを調べよう！ ・調べた取り組みを観点ごとにまとめよう！　2-6 分類
❺国から「地域活性化予算」が出るとすれば，どうする？　中国・四国地方の地域おこしプランを提案しよう！ 【オーセンティックB】 4-3 提案	・グループで，地域活性化プランをまとめよう！ ・グループの地域活性化プランを発表しよう！ ・各グループの地域活性化プランに対して，質問や意見を出し合おう！ ・どのプランを採用するか，投票しよう！

【本単元の参考文献】
河原和之『続・100万人が受けたい「中学地理」ウソ・ホント？授業』明治図書，2017年
島根勝手に応援会『島根自虐伝』パルコ，2015年

▶ 単元内の位置付け

　本時は，本単元のまとめとして位置付く。前回，個人で考えた地域活性化プランをもとに，グループでプランを決める。次に，グループごとに発表する。そして，他のグループへの質問や意見を出し合い，投票によって1つのプランを決定する。

▶ 指導言でわかる！授業の流れ

(1) 活動 グループで，地域活性化プランをまとめよう！

　前時，個人で考えた地域活性化プランを持ち寄り，グループのプランを検討する。前時の学習の際に，グループごとに担当地域を割り当てているので，1つの地域に対して多面的な視点で，グループのプランを検討することができる。

(2) 活動 グループの地域活性化プランを発表しよう！

　グループごとに，地域活性化プランを発表する。プランが採用されるように，プランの優れている点をアピールして発表する。発表以外のグループは，質問や意見を考えるために，メモをとる。

(3) 活動 各グループの地域活性化プランに対して，質問や意見を出し合おう！

　発表されたプランに対して，質問や意見を出す。具体的でない部分や，現実的でない部分に対して，学習者同士で指摘し合うことで，学びの質が高まる。

(4) 活動 どのプランを採用するか，投票しよう！

　自分のグループのプラン以外で，採用すべきプランを1つ選び，投票する。もし，もう1時間使えるのであれば，採用されたプランをクラスでより良いものに練り上げる授業も考えられる。

(5) パフォーマンス課題 個人の地域活性化プランを修正しよう！

　単元全体の課題に向けて，個人のプランを修正する。他の仲間やグループのプランを取り入れたり，受けた質問や意見を踏まえて修正し，より良いプランを考える。

中国・四国地方 ⑤

目標 多面的・多角的な視点を踏まえて、地域活性化プランを提案できる。

【活動１】グループで、地域活性化プランをまとめよう！

担当地域	プラン名	
（地図略）	内容	
	プランの優れている点	

【活動２】他グループのプランを聴き、質問や意見を考えよう！

（グループ１）	（グループ２）	（グループ３）	（グループ４）
（グループ５）	（グループ６）	（グループ７）	（グループ８）

【パフォーマンス課題】個人の地域活性化プランを修正しよう！

担当地域	プラン名	
（地図略）	内容	
	プランの優れている点	

近畿地方

単元構成のねらい

　本単元では，歴史的な文化財・景観の保護と，利便性や産業発展の対立をテーマとして学習していく。単元全体の課題に対して，多面的・多角的にメリット・デメリットを考察し，意見を考えていく。また，クラスでのパネルディスカッションを通して，対立から合意に向けて合意形成に取り組んでいく。

単元の概念構造

〈本質的な問い〉歴史的な文化財・景観を守りながら，どのような発展をめざすべきか。

〈単元の問い〉京奈和自動車道の建設は，文化財・景観保護と発展を両立させるか。

〈考えさせたい視点〉

・奈良や京都など，歴史的な文化財・景観の遺る地域では，それを遺し，伝えていく努力が行われている。

・交通網の整備は，人やモノの移動を加速させ，産業発展につながる。

オーセンティックな学びに近づけるポイント

知識の構築	京奈和自動車道の建設の是非を考えることで，近畿地方の歴史的な文化財・景観の貴重さ，産業の特徴や都市の状況などを，多面的・多角的に考察し，知識を構築する。
学問に基づく探究	資料をもとに，京奈和自動車道の建設の是非について，文化財・景観の保護，産業発展，地域活性化などの視点から探究する。
学校を超えた価値	単元全体の課題は，現実社会で起こる社会的論争問題である。学校外との連携や発信の場があれば，さらにオーセンティックな課題となる。

単元全体の課題設定のねらい

　本単元全体の課題は，現実社会で起こる社会的論争問題である。建設は進んでいるものの，現在も賛否が分かれている。このような課題に対して，単元で学習した見方・考え方をもとに，優先する価値に基づいて意見文を作成する。

単元構成

単元全体の課題	京奈和自動車道の建設を続けるべきか？
	【オーセンティックB】 `4-1 意思決定`

パフォーマンス課題	○主発問　・サブ発問（課題）
❶積雪の高さが日本一を記録した場所はどこだろう？　地図に印をつけ，理由を説明しよう！ 【オーセンティックD】 `2-1 原因`	○近畿地方の自然環境には，どのような特徴があるだろう？　`2-3 まとめ` ・日本一，降水量の多いまちが近畿地方にある。地図に印をつけ，理由を考えよう！　`2-1 原因` ・琵琶湖クイズ ・近畿地方の地形・気候の特徴を，地域ごとにまとめよう！　`2-3 まとめ`
❷近畿地方の産業の課題の解決策を提案しよう！ 【オーセンティックC】 `4-3 提案`	○近畿地方の産業には，どのような特徴があるだろう？　`2-3 まとめ` ・伝統産業クイズ（※河原実践） ・どうして東大阪市の中小企業が，人工衛星の打ち上げに取り組んでいるのだろう？　`2-1 原因` ・どうして阪神工業地帯は，発展・衰退したのだろう？　`2-1 原因` ・近畿地方の産業の特徴と課題をまとめよう！　`2-3 まとめ`
❸近畿地方で次に発展しそうなまちを１つ選び，理由を説明しよう！ 【オーセンティックD】 `4-2 課題解決`	○近畿地方の都市は，どうして発展したのだろう？　`2-1 原因` ・大阪の駅名クイズ→水上都市として栄えた大阪 ・大阪市・京都市・神戸市は，どうして大都市に発展したのだろう？　`2-1 原因`
❹京奈和自動車建設を続けるべきか，意見文を書こう！ 【オーセンティックB】 `4-1 意思決定`	○歴史的な文化財・景観は，どのように保護されるべきだろう？　`4-1 意思決定` ・どうして奈良市は高い建物がないのだろう？（※河原実践）　`2-1 原因` ・どうして奈良市のスーパーには地下がないのだろう？（※河原実践）　`2-1 原因` ・京奈和自動車建設のメリット・デメリットをまとめよう！　`2-7 多面的`
❺京奈和自動車建設を続けるべきか，意見文を書こう！ 【オーセンティックB】 `4-1 意思決定`	・京奈和自動車道の建設を続けるべきか，立場ごとに意見を考えよう！　`2-8 多角的` ・それぞれの立場から代表者が集まり，「建設計画会議」を開こう！ ・様々な意見をもとに，お互いが納得するプランをつくろう！　`4-2 課題解決`

【本単元の参考文献】
河原和之『続・100万人が受けたい「中学地理」ウソ・ホント？授業』明治図書，2017年

▶ 単元内の位置付け

　本時は，近畿地方の導入である。楽しい活動から，近畿地方の自然環境を捉える。降水量の多いまちを考える活動は，アジア州でも実施した活動（p.50）であり，見方・考え方を働かせて考えることができる。また，パフォーマンス課題も同様である。

▶ 指導言でわかる！授業の流れ

(1) 活動　地名さがし

(2) 発問　日本一，降水量の多いまちが近畿地方にある。地図に印をつけ，理由を考えよう！

✐ 2-1 原因

　グループで意見をまとめ，前の地形図でそれぞれ全体へ意見を発表する。「アジア州」で，「世界で一番降水量の多いまち」の学習をしているので，その考え方を応用する。

　→正解は，三重県尾鷲市。尾鷲市の北側には，紀伊山地がある。南側は海で，南から湿った季節風が吹き込み，9月頃に大量の雨を降らせる。尾鷲市の雨温図を提示すると，9月の降水量に生徒は驚く。

(3) クイズ　琵琶湖クイズ

　①琵琶湖は滋賀県の何分の1を占める？（3択でも良い）→6分の1

　②琵琶湖は，琵琶の形に似ていることから名前がついた。琵琶湖の形は，いつわかった？
　　（A：室町時代，　B：江戸時代，　C：明治時代）→B：江戸時代

　③琵琶湖に入ってくる川は，437本。では，出ていく川は，何本？　→1本で，淀川のみ

　④琵琶湖の水は，近畿地方の何人の飲み水になっている？　→1400万人

　　琵琶湖が，近畿地方の人々の生活に大きな影響を与えていることに気づかせる。

(4) 活動　近畿地方の地形・気候の特徴を，地域ごとにまとめよう！

✐ 2-3 まとめ

地域	地形の特徴	気候の特徴
北側の地域	なだらかな山地がある。	冬に雨や雪が多い。
中央の地域	平野や盆地が広がっている。	一年の気温差が大きい。 年間を通して降水量が少ない。
南側の地域	険しい山地が広がっている。	夏に雨が多い。

(5) パフォーマンス課題　積雪の高さが日本一を記録した場所はどこだろう？　地図に印をつけ，理由を説明しよう！

✐ 2-1 原因

　→正解は，滋賀県の伊吹山。11.82mを記録した。これも，山と季節風の関係で説明できる。

近畿地方 ①

|目標| 近畿地方の地形や気候の特徴を説明できる。

【活動１】 日本一、降水量の多いまちが近畿地方にある。地図に印をつけ、理由を考えよう！

近畿地方　白地図	（理由）

【活動２】 近畿地方の地形・気候の特徴を、地域ごとにまとめよう！

地域	地形の特徴	気候の特徴
北側の地域		
中央の地域		
南側の地域		

【パフォーマンス課題】 積雪の高さが日本一を記録した場所はどこだろう？
　　　　　　　　　　　上の地図に印をつけ、理由を説明しよう！

（理由）

▶ 単元内の位置付け

本時では，近畿地方の歴史的な文化財・景観保護の取り組みを学び，京奈和自動車道建設の是非を考える。クイズなどから景観条例について学習し，京奈和自動車道を巡る議論から，メリット・デメリットをまとめ，自分の意見をまとめる。

▶ 指導言でわかる！授業の流れ

(1) クイズ 何の数字だろう？

（大阪：300，兵庫190，滋賀133，京都100，三重100，和歌山99，奈良46）（※河原実践）

→一番高い建物の高さ。

(2) 発問 どうして奈良市は高い建物がないのだろう？　　　　　　🖉 2-1 原因

→奈良市は，条例で51m以上の建物を建ててはいけないと決められている。

※場所によって条件が異なる。

・51mとは，ある建物の高さである。それは何？

→興福寺の五重塔。奈良市では，きれいなまちの景色を守るための取り組みである，景観保護に関する条例によって，高さの規制が決められている。

(3) クイズ （写真を提示し）

奈良市のあるスーパーです。他のスーパーにあって，ここのスーパーにないものは？

→「地下がない」

(4) 発問 どうして奈良市のスーパーには地下がないのだろう？（※河原実践）　🖉 2-1 原因

→「歴史的に重要な木簡が埋まっているかもしれないから」

(5) 活動 京奈和自動車道に関する情報を読み取ろう！

京奈和自動車道の建設に関する情報を読み取り，基本情報やどのような影響があるかを知る。

(6) 活動 京奈和自動車建設のメリット・デメリットをまとめよう！　　🖉 2-7 多面的

メリット：交通渋滞が緩和される。大阪を通らずに，他府県へ移動できる。交通事故を減らせる。観光業に良い影響がある。今中止すれば，これまでの建設費用が無駄になる。

デメリット：多くの費用がかかる。地下を通した場合，歴史的に貴重な木簡を破壊する可能性がある。地上を通した場合，平城宮跡の景観が損なわれる。奈良の宿泊客が減る。

(7) パフォーマンス課題 京奈和自動車建設を続けるべきか，意見文を書こう！

❗ 4-1 意思決定

メリット・デメリットを踏まえて，自分の意見をまとめる。その際に，自分がその立場を選ぶに当たって優先した価値を考え記入する。例えば，経済発展，環境，伝統などである。価値を明確化することで，話し合う際の対立軸が明確になる。教師が選択肢を与えるのがスムーズである。そして，反対の立場を意識した意見も考えさせる。

近畿地方 ④

目標 景観保護の取り組みを知り、京奈和自動車道の建設の是非について、自分の意見をまとめることができる。

【活動１】京奈和自動車建設のメリット・デメリットをまとめよう！

メリット	デメリット

【パフォーマンス課題】京奈和自動車建設を続けるべきか、意見文を書こう！

続けるべき	続けるべきでない
（理由）	
（優先した価値）	
（反対の立場への意見）	

中部地方

単元構成のねらい

　本単元のテーマは，産業である。農業・工業が，それぞれどのような条件で発展しているのかを，中部地方の3つの地域を比較・総合して探究する。そして，学習者自身が課題を発見し，その課題への解決策を提案することで，課題発見から課題解決までを含めた学習としている。

単元の概念構造

〈本質的な問い〉産業発展の条件は何だろう？

〈単元の問い〉中部地方は，どうして産業が発展しているのだろう？

〈考えさせたい視点〉

・中部地方は，東海・中央高地・北陸の3つの地域に分かれ，自然環境が異なる。

・農業は，自然環境・輸送経路・市場などの条件がそろえば，発展する。

・工業は，原料・燃料・輸送経路・市場などの条件がそろえば，発展する。

・近年の産業では，付加価値をつけることや，ICTやAIの進化なども，重要な条件となる。

オーセンティックな学びに近づけるポイント

知識の構築	中部地方の産業の課題と解決プランを提案するために，自然環境・人口・交通など，多面的な視点から自身の考えをまとめ，知識を構築する。
学問に基づく探究	資料をもとに，中部地方の産業の特徴と課題を自然環境・人口・交通などの視点から分析し，課題を解決するプランを探究する。
学校を超えた価値	地域の課題とそれに対する解決策を考える課題は，現実社会につながる課題である。

単元全体の課題設定のねらい

　本単元全体の課題は，中部地方の産業の課題を解決するためのプランを提案するものである。本単元では，これまでの学習と異なり，学習者に課題を発見させ，それに対する解決策を考えるものとなっている。そのため，クラス全体での議論は難しいが，よりオーセンティックな課題となっている。学習の出口として，専門家への発信の場や，一緒に解決策を考えていく活動ができれば，よりオーセンティックな課題となる。

単元構成

単元全体の課題	中部地方の産業の特徴と課題を説明し，課題を解決するプランを説明しよう！ 【オーセンティックC】 4-3 提案

パフォーマンス課題	○主発問　・サブ発問（課題）
❶リニアモーターカーの路線は，中部地方のどこを通すべきか？自然環境の面から考えよう！【オーセンティックD】4-3 提案	○中部地方の自然環境には，どのような特徴があるだろう？ 2-3 まとめ ・クイズ：どこの写真だろう？ ・中部地方の3つの地域ごとに，地形や気候の特徴をまとめよう！ 2-3 まとめ
❷地域の特徴を活かした農業プランを提案しよう！【オーセンティックD】4-3 提案	○農業が発展する条件は何だろう？ 2-1 原因 ・どうして東海では，茶や園芸農業がさかんなのだろう？ 2-1 原因 ・どうして中央高地では，高原野菜の栽培がさかんなのだろう？ 2-1 原因 ・どうして北陸では，稲作がさかんなのだろう？ 2-1 原因 ・中部地方の農業には，どのような特徴があるだろう？
❸東海地域がさらに発展する産業プランを提案しよう！【オーセンティックD】4-3 提案	○東海の工業には，どのような特徴があるだろう？ 2-3 まとめ ・トヨタクイズ ・どうして豊田市では，車づくりがさかんになったのだろう？ 2-1 原因 ・トヨタは，地域にどのような影響を与えているだろう？ 2-2 結果 ・どうして中京工業地帯は，発展したのだろう？ 2-1 原因
❹1つの地域を選び，産業の課題とそれに対する解決策を提案しよう！【オーセンティックC】4-3 提案	○中部地方の産業には，どのような特徴と課題があるだろう？ 2-3 まとめ 2-7 多面的 ・どうして浜松は，ピアノとオートバイが有名なのだろう？ 2-1 原因 2-7 多面的 ・どうして中央高地では，精密機械がさかんになったのだろう？ 2-1 原因 2-7 多面的 ・どうして北陸では，地場産業がさかんになったのだろう？ 2-1 原因 2-7 多面的 ・それぞれの地域の産業の課題は何だろう？ 2-7 多面的
❺中部地方の産業の特徴と課題を説明し，課題を解決するプランを説明しよう！【オーセンティックC】4-3 提案	・グループで産業の課題解決プランをまとめよう！ ・グループの産業の課題解決プランを発表しよう！ ・各グループの産業の課題解決プランに対して，質問や意見を出し合おう！ ・どのプランを採用するか，投票しよう！

【本単元の参考文献】
河原和之『100万人が受けたい「中学地理」ウソ・ホント？授業』明治図書，2012年

▶ 単元内の位置付け

　本時は，中部地方の3つの地域ごとの産業の特徴と課題，それに対する解決策を考える。産業の特徴とその要因を，自然環境と歴史の面から考察する。そして，各地域の産業の課題について調べ，その解決策を提案する。

▶ 指導言でわかる！授業の流れ

(1) クイズ （ヤマハ音楽教室の CM を視聴し）東海で，ピアノは全国の何%つくられている？

→100%

(2) 発問 どうして浜松は，ピアノが有名なのだろう？　　🖊 2-1 原因 🖊 2-7 多面的

→自然環境の面では，天竜川で運ばれた木材と，乾いたからっ風がピアノづくりに適していた。また，歴史の面では，天竜川周辺で綿花を栽培しており，加工のために織機や職人が多く，ピアノづくりに活かせた。

・ヤマハは，ピアノ以外のものも人気です。それは何だろう？

→オートバイ。楽器製造技術を活かし，オートバイのエンジンをつくり，現在のヤマハ発動機につながった。

(3) 発問 どうして中央高地では，精密機械がさかんになったのだろう？

🖊 2-1 原因 🖊 2-7 多面的

→自然環境の面では，きれいな水と空気が部品の洗浄に適していた。また，歴史の面では，第二次世界大戦中に，機械工場が移され，技術が受け継がれたことなどが影響している。

(4) 発問 どうして北陸では，地場産業がさかんになったのだろう？

🖊 2-1 原因 🖊 2-7 多面的

→冬に雪で覆われるため，農業ができない単作地帯である。そのため，古くから副業が行われており，地場産業が発展している。

(5) 発問 それぞれの地域の産業の課題は何だろう？　　　　　🖊 2-7 多面的

東海：海外の安い製品に押されている。など

中央高地：敷地が狭く，大量生産が難しい。など

北陸：後継者が不足している。海外の安い製品におされている。など

(6) パフォーマンス課題 1つの地域を選び，産業の課題とそれに対する解決策を提案しよう！

❗ 4-3 提案

　上の活動で出てきた各地域の課題に対して，解決策を考える。これまで学習してきた見方・考え方を働かせて，提案させたい。

中部地方 ④

目標 中部地方の産業の特徴と課題を説明できる。

【活動1】 どうして浜松は、ピアノが有名なのだろう？

ピアノが 有名 ◄	自然環境	
	歴史	

【活動2】 どうして中央高地では、精密機械がさかんになったのだろう？

精密機械 がさかん ◄	自然環境	
	歴史	

【活動3】 どうして北陸では、地場産業がさかんになったのだろう？

地場産業 がさかん ◄	自然環境	
	歴史	

【活動4】 それぞれの地域の産業の課題は何だろう？

東海	中央高地	北陸

【パフォーマンス課題】 1つの地域を選び、産業の課題とそれに対する解決策を提案しよう！

地域	課題	解決策

関東地方

単元構成のねらい

　本単元のテーマは，人口の過密と社会への影響である。東京への人口一極集中が，産業や人々の生活にどのように影響を与えているのかを学習する。そして，一極集中による課題の解決策として，他国の対策を分析し，日本にとって有効なプランを検討する。

単元の概念構造

〈本質的な問い〉一極集中の課題は，どう解決すればよいか。

〈単元の問い〉東京への一極集中の課題は，どう解決すればよいか。

〈考えさせたい視点〉

・東京への一極集中によって，近郊農業が発達し，企業の本社や国家の中枢機関などの大部分が集中している。

・東京への一極集中によって，地価の高騰，渋滞やゴミ問題，災害対策などの課題がある。

・他国では，人口一極集中への対策として，国家機能の分散や首都機能移転，都市の機能別のエリア分けなどが行われている。

オーセンティックな学びに近づけるポイント

知識の構築	東京への人口一極集中の課題への解決策を提案することを通して，それぞれの方法のメリット・デメリットを多面的・多角的に考察し，知識を構築する。
学問に基づく探究	資料をもとに，農業・工業・商業・交通・生活などの観点から分析し，他国の事例との比較を通して，解決策を探究する。
学校を超えた価値	東京への一極集中による課題への解決策を提案する課題は，現実社会で起こる社会問題であり，オーセンティックな課題である。

単元全体の課題設定のねらい

　本単元全体の課題である，東京への一極集中の課題を指摘し，解決策を提案する課題は，現実社会で起こる社会問題であり，オーセンティックな課題である。課題を分析するために，農業・工業・商業・交通・生活などの観点から分析し，また他国の事例の分析を通して，日本でのより良い解決策を提案する。実際に社会と関わったり，発信したりできれば，よりオーセンティックな課題となる。

単元構成

単元全体の課題	東京への一極集中の課題を指摘し，解決策を提案しよう！ 【オーセンティックB】 4-3 提案

パフォーマンス課題	○主発問　・サブ発問（課題）
❶関東地方のオススメ旅行スポットを紹介しよう！ 【オーセンティックD】 2-4 例示	○関東地方の地形や気候には，どのような特徴があるだろう？　2-3 まとめ ・どうして群馬県では，背の高い垣根があるのだろう？　2-1 原因 ・東京都心と熊谷市の気温が高くなる理由を，それぞれ説明しよう！　2-1 原因 ・関東地方の地形・気候の特徴をまとめよう！　2-3 まとめ
❷人口集中のデメリットに対する解決策を提案しよう！ 【オーセンティックC】 4-3 提案	○人口集中は，人々の生活にどのような影響を与えているだろう？　2-2 結果 ・ジブリ2作品の共通点は何だろう？（※行壽実践） ・どうして多くのニュータウンがつくられたのだろう？　2-1 原因 ・人口集中によるメリット・デメリットをまとめよう！　2-7 多面的
❸東京以外の関東地方でビジネスするなら，どこで，何をする？ 【オーセンティックD】 4-3 提案	○人口集中は，産業にどのような影響を与えているだろう？　2-2 結果 ・どうして関東地方で農業がさかんなのだろう？　2-1 原因 ・関東地方の産業の特徴をまとめよう！　2-3 まとめ
❹他の国の対策から1つ選び，日本版にアレンジしよう！ 【オーセンティックC】 4-3 提案	○他の国は，人口集中に対して，どのように対応しているのだろう？　2-5 比較 ・千代田区の一坪の家賃はいくら？ ・他の国は，人口集中に対してどのように取り組んでいるのだろう？　2-5 比較 ・他の国の人口集中への対策を発表しよう！
❺東京への一極集中の課題を指摘し，解決策を提案しよう！ 【オーセンティックB】 4-3 提案	・個人で，東京の一極集中への解決策を考えよう！ ・グループで東京の一極集中への解決策をまとめよう！ ・東京への一極集中をどのように解決するか，パネルディスカッションしよう！

【本単元の参考文献】

行壽浩司「『平成狸合戦ぽんぽこ』からみるニュータウン」河原和之編著『100万人が受けたい！主体的・対話的で深い学びを創る中学社会科授業モデル』明治図書，2020年

関東地方 ❷

⊙ 単元内の位置付け

　本時は，本単元のテーマである人口集中の状況と，それによる影響を学習する。まず，2つのジブリ作品から人口増加によってニュータウン開発が進んだことをつかみ，人口集中による社会への影響を，メリット・デメリットに分類し，デメリットへの解決策を提案する。

⊙ 指導言でわかる！授業の流れ

(1) クイズ （『平成狸合戦ぽんぽこ』と『耳をすませば』のＰＶを視聴し）この2つの作品の共通点は何だろう？（※行壽実践）

　→正解は，東京・多摩地域という舞台が同じ。『ぽんぽこ』の舞台が人間によって開発され，『耳をすませば』の舞台であるニュータウンになった。

(2) 発問 どうして多くのニュータウンがつくられたのだろう？　　　　🖊 2-1 原因

　→東京は，人口集中が進み，住宅地が不足し，地価が高くなった。そのため，東京周辺に住宅地が広がり，ニュータウンが形成された。

(3) 発問 人口が増えると，どのようなことが起きるだろう？

　→「渋滞」「ゴミが増える」

　・通勤ラッシュの様子を視聴し，その異常さをつかむ。

　・首都直下型地震の想定映像などを視聴し，災害時のデメリットにも気づかせる。

(4) 活動 人口集中によるメリット・デメリットをまとめよう！　　　　🖊 2-7 多面的

　メリット：交通手段が整い，移動に便利。多くのものが東京に集まり，便利。

　デメリット：渋滞が多い。通勤時に混雑する。ゴミが増加する。地震が起きた際に，多くの機能を失い，ダメージが大きい。

(5) パフォーマンス課題 人口集中のデメリットに対する解決策を提案しよう！　　　❗ 4-3 提案

　→「地価をさらに上げる」「企業や省庁などを分散させる」「税金を多く徴収する」など

関東地方 ②

目標 人口集中によるメリット・デメリットを説明できる。

【活動１】 どうして多くのニュータウンがつくられたのだろう？

【活動２】 人口集中によるメリット・デメリットをまとめよう！

メリット	デメリット

【パフォーマンス課題】 人口集中のデメリットに対する解決策を提案しよう！

解決したいデメリット	解決策

東北地方

単元構成のねらい

　本単元のテーマは，震災からの復興である。自然環境・農業・工業を学習し，地域の特徴を理解した上で，これまでの災害への対策と，今回の被害状況を分析する。そして，陸前高田市を取り上げ，復興プランである高台移転を多面的・多角的に評価し，より良い復興プランを議論し，意見文を提出する。

単元の概念構造

〈**本質的な問い**〉災害からの復興において，何を優先すべきか。
〈**単元の問い**〉東日本大震災からの復興において，どのような復興プランが求められるか。
〈**考えさせたい視点**〉
・東北地方は，他の地域に比べて，高齢化率が高く，第一次産業従事者も多い。
・東北地方は，これまでにも津波被害の経験があり，その度に対策がとられてきた。しかし，伝承されているかは，地域によって異なる。
・復興プランは自治体ごとに異なり，陸前高田市は安全を優先し，高台にコンパクトシティをつくる方針がとられている。

オーセンティックな学びに近づけるポイント

知識の構築	震災復興プランへの意見文を書くために，高台移転のメリット・デメリットを多面的・多角的に考察し，知識を構築する。
学問に基づく探究	資料をもとに，高台移転について安全・産業・交通・費用などの観点から分析し，より良い方法を探究する。
学校を超えた価値	現実社会で起こる社会問題を扱うため，オーセンティックな課題である。しかし，学習者が実際に参画する場面はなく，別の場面で応用でき，参画できる課題があれば，よりオーセンティックな課題となる。

単元全体の課題設定のねらい

　本単元全体の課題は，陸前高田市の震災復興プランに対する意見文を書くことであり，実際の社会で起こる課題である。この課題を解決するために，自然環境や産業，交通，人々の生活や費用など，多面的・多角的に分析し，意見をまとめていく。自治体ごとに方針が異なるため，各自治体の条件の違いなどに着目しながら，より良い復興の在り方を考えさせたい。

単元構成

単元全体の課題	陸前高田市の震災復興プランに対する意見文を書こう！ 【オーセンティックB】 `4-3 提案`

パフォーマンス課題	○主発問　・サブ発問（課題）
❶東北地方のオススメ旅行スポットを紹介しよう！ 【オーセンティックD】 `2-4 例示`	○東北地方の自然環境には，どのような特徴があるだろう？　`2-3 まとめ` ・どうして高い津波が来たのだろう？　`2-1 原因` ・どうして津波の被害が大きくなったのだろう？　`2-1 原因` ・東北地方の地形・気候の特徴をまとめよう！　`2-3 まとめ`

❷震災後の東北地方の農業・漁業の活性化プランを提案しよう！
【オーセンティックC】
`4-3 提案`
	○東北地方の農業は，どのような特徴があるだろう？
	`2-3 まとめ`
	
	・どうして高いりんごが人気なのだろう？　`2-1 原因`
	・どうして青森県では，りんご栽培がさかんなのだろう？
	`2-1 原因`
	
	・東北地方の農業の特徴をまとめよう！　`2-3 まとめ`

❸震災後の東北地方の工業活性化プランを提案しよう！
【オーセンティックC】
`4-3 提案`
	○東北地方の工業は，どのような特徴があるだろう？
	`2-3 まとめ`
	
	・どうして東北地方では伝統的工芸品がさかんなのだろう？
	`2-1 原因`
	
	・東北地方の工場は，どのようなところに集まっているだろう？
	`2-1 原因`
	
	・東日本大震災は，工業面でどのような影響があっただろう？
	　東北地方とそれ以外の地域に分けて考えよう！
	`2-2 結果` `2-8 多角的`

❹陸前高田市の震災復興プランを，他の市と比較しよう！ 【オーセンティックC】 `2-5 比較`	○東北地方の人々は，どのように地域を守ってきたのだろう？ `2-3 まとめ` ・東北地方の人々は，災害に対してどのような対策や備えをしていたのだろう？ ・陸前高田市の被害状況と基本データを調べよう！ ・陸前高田市の復興プランを調べよう！

❺陸前高田市の震災復興プランに対する意見文を書こう！
【オーセンティックB】
`4-3 提案`
	・陸前高田市の復興プランを多面的・多角的に評価しよう！
	`2-7 多面的` `2-8 多角的` `2-9 評価`
	
	・復興プランに賛成か，反対か，グループで立場を決め，理由をまとめよう！
	`3-3 価値判断` `4-1 意思決定`
	
	・みんなが納得するプランを考えよう！

【本単元の参考文献】
河原和之『100万人が受けたい！見方・考え方を鍛える「中学地理」大人もハマる授業ネタ』明治図書，2019年
森健編『つなみ　被災地の子どもたちの作文集　完全版』文藝春秋，2012年
戸羽太『被災地の本当の話をしよう』ワニブックス，2011年

東北地方 ❹

▶ 単元内の位置付け

　本時は，陸前高田市の復興プランの概要を知り，他市と比較を行う。まずは，子どもの作文から，被害当時の状況をイメージし，災害への対策をまとめる。そして，陸前高田市の復興プランと他市の復興プランを比較し，特徴をつかむ。

▶ 指導言でわかる！授業の流れ

(1) クイズ 震災に遭った子どもの作文です。空欄に何が入るでしょう？

・「『津波が来るぞー』と先生が言ってくれて，私たちは3階に逃げました。夜は（①）1枚で寝ました。とても寒かったです。」

・「友達だって一人流されたし，一人転校するし，いやだなぁ。津波って（②）だなぁと思いました。」

→正解は，①画用紙，②よくばり。子どもの表現で，授業に引き込む。

(2) 発問 東北地方の人々は，災害に対してどのような対策や備えをしていたのだろう？

「津波てんでんこ」などの避難時の伝承や住居・住宅の工夫などを紹介する。

・（写真を提示し）宮古市でこんなものを見つけました。何と書いてあるでしょう？

→「ここより下に家を建てるな」

・東日本大震災のとき，人々はこの教えを守ったと思いますか？

→このまちでは，この教えを守って家を建てなかったので，被害を最小限に抑えることができた。

(3) 課題提示 （陸前高田市の震災時の写真を提示し）岩手県陸前高田市は，壊滅的な被害を受けました。そこで，市長は，「高台移転」の復興プランを出しました。陸前高田市の復興プランに賛成するか，反対するか，自分の意見を決めよう！

(4) 活動 陸前高田市の被害状況と基本データを調べよう！

陸前高田市ではどのような被害があったのか，そして陸前高田市の基本情報を調べる。

(5) 活動 陸前高田市の復興プランを調べよう！

陸前高田市の復興プランを調べる。そして，陸前高田市の一年ごとの変化の様子を視聴し，まだまだ復興の途中にあることを知る。

(6) パフォーマンス課題 陸前高田市の震災復興プランを，他の市と比較しよう！　🖊2-5 比較

他の市の復興プランと比較する。他の市は，津波で流されたところにまちを再建しているところもあり，復興が進んでいる。何を優先するかで，復興プランが異なることに気づき，次時の活動に活かす。

東北地方 ④

目標 東日本大震災の被害の状況と災害対策、復興への取り組みを説明できる。

【活動１】東北地方の人々は、災害に対してどのような対策や備えをしていたのだろう？

★陸前高田市の復興プランに賛成？反対？　自分の意見を決めよう！

賛成・反対	（理由）

【活動２】陸前高田市の被害状況と基本データを調べよう！

陸前高田市の被害状況	陸前高田市の基本データ

【活動３】陸前高田市の復興プランを調べよう！

【課題にチャレンジ】陸前高田市の震災復興プランを、他の市と比較しよう！

他の市の復興プラン	陸前高田市との違い

北海道地方

単元構成のねらい

　本単元は，「日本の諸地域」の最後に位置付く。また，北海道地方はこれまで学習した日本の他の地域と異なる特色がある。そのため，「日本の諸地域」の総まとめとして，北海道地方と他の地域を様々な観点から比較することで，日本の地理的な特色を理解できるように構成する。

　また，本単元は，自然環境と歴史的背景をテーマに探究していく。自然環境と歴史的背景が，今の北海道の生活や産業，まちづくりにどのように影響を与えているのか，そして，それによる課題の解決策を考えていく。

単元の概念構造

〈本質的な問い〉人と自然や異文化の人々が共生し，発展していくには，どうすべきだろう？

〈単元の問い〉北海道は，自然環境とどのように向き合い，アイヌの人々とどのように共生していくべきだろう？

〈考えさせたい視点〉
・北海道は冬の寒さが厳しい地域が多く，それに合わせた生活の工夫が行われている。
・北海道は，広い土地を活かした農業がさかんである。また，品種改良や開墾によって，今日の農業地帯が成立している。
・北海道には，アイヌ文化の影響を受けたものもみられるが，歴史的経緯によって，民族や文化の存続が危ぶまれており，共生の在り方が問われている。

オーセンティックな学びに近づけるポイント

知識の構築	北海道の課題と解決プランを提案するために，自然環境や歴史的背景など，多面的な視点から自身の考えをまとめ，知識を構築する。
学問に基づく探究	資料をもとに，北海道の特徴と課題を自然環境や歴史的背景などの視点から分析し，課題を解決するプランを探究する。
学校を超えた価値	地域の課題とそれに対する解決策を考える課題は，現実社会につながる課題である。

単元全体の課題設定のねらい

　本単元全体の課題は，北海道の１つの都市・地域の課題への解決策を提案するものである。これまでの学習を踏まえ，課題を発見し，それに対する解決策を考えることで，オーセンティ

ックな学びを求めている。本単元も，外部の専門家に発信したりする活動ができれば，よりオーセンティックな課題となる。

単元構成

単元全体の課題	北海道の１つの都市，または地域を選び，課題を指摘し，その解決プランを提案しよう！【オーセンティックC】 4－3 提案
パフォーマンス課題	○主発問 ・サブ発問（課題）
❶北海道地方のオススメ旅行スポットを紹介しよう！ 【オーセンティックD】 2－4 例示	○北海道の自然環境は，どのような特徴があるだろう？　　2－3 まとめ ・「写真で北海道のなぜ」クイズ ・北海道の地域ごとの地形や気候の特徴をまとめよう！　　2－3 まとめ ・北海道と他地域の自然環境は，どのように異なるだろう？　　2－5 比較
❷人口やまちづくりの面から，北海道の課題を考えよう！ 【オーセンティックC】 2－7 多面的	○人口は，どのような要因で変化するのだろう？ ・日本で一番人口の少ない市はどこだろう？（※北村実践） ・どうして，北海道には人口の少ない市が多いのだろう？　　2－1 原因 ・どうして，他の都道府県の地名が多いのだろう？　　2－1 原因 ・北海道の数字クイズ → どうしてこんなにも人口が変化しているのだろう？　　2－1 原因
❸産業の面から，北海道の課題を考えよう！ 【オーセンティックC】 2－7 多面的	○北海道の産業には，どのような特徴があるだろう？ ・北海道 No.1クイズ ・北海道は，昔から農業がさかんだったのだろうか？ ・北海道の産業の特徴をまとめよう！　　2－3 まとめ ・北海道の産業は，他地域とどのように異なるだろう？　　2－5 比較
❹アイヌ文化を守るために，何ができるだろう？ 【オーセンティックB】 4－2 課題解決	○アイヌの文化を守り，共生するには，どうすればいいだろう？　　4－2 課題解決 ・アイヌ語がもとになった地名クイズ ・アイヌの人々は，どのような生活を送っていたのだろう？ ・どうしてアイヌ文化が途絶える危機にあるのだろう？　　2－1 原因
❺北海道の１つの都市，または地域を選び，課題を指摘し，その解決プランを提案しよう！ 【オーセンティックC】 4－3 提案	・グループで課題解決プランをまとめよう！ ・グループの課題解決プランを発表しよう！ ・各グループの課題解決プランに対して，質問や意見を出し合おう！ ・どのプランを採用するか，投票しよう！

【本単元の参考文献】
北村明裕「地名探しから歴史的背景を中核に北海道の地域的特色を追究する」『社会科教育』2015年12月号，明治図書

▶ 単元内の位置付け

　本時は，北海道の人口の変化を切り口に，産業や歴史的背景を学習する。まずは日本一人口の少ない市を考えることから，炭鉱との関係を学習する。次に，都道府県別人口順位から，歴史的背景が人口の変化に影響を与えていることを学習する。そして，人口やまちづくりの面から北海道の課題を考え，単元全体の課題につなげる。

▶ 指導言でわかる！授業の流れ

(1) クイズ 日本で一番人口の少ない市はどこだろう？（※北村実践）

　地図帳の巻末資料から探す。

　→正解は，北海道の歌志内市。2位も北海道の夕張市。3位も北海道の三笠市である。

(2) 発問 どうして，北海道には人口の少ない市が多いのだろう？　　🖉 2-1 原因

　→かつて北海道には炭鉱が多くあり，この3つの市はその近くに位置する。炭鉱関係の仕事が多く，人口が増えたが，炭鉱が閉鎖され，人口が減った。

(3) クイズ 地名さがし

　いつもの地名さがしではなく，授業者から出題する。「北広島市」など，他の都道府県の名前を含む地名をいくつか出題する。

(4) 発問 どうして，他の都道府県の地名が多いのだろう？　　🖉 2-1 原因

　→明治時代，開拓使（屯田兵）として，北海道にたくさんの人が移住し，自分たちの故郷の名前をつけたと言われる。

(5) クイズ 北海道の数字クイズ：これは何の数字だろう？（47位・1位・8位）

　→正解は，北海道の都道府県別人口順位の変化である。

(6) 発問 どうしてこんなにも人口が変化しているのだろう？　時期ごとに理由を考えよう！

　　　　　　　　　　　　　　　　　　　　　　　　　　　　🖉 2-1 原因

　→明治時代はじめは人口が少ないが，開拓が始まる。1位は第二次世界大戦中で，集団疎開によって一時的に人口1位となった。現在は，8位である。

(7) パフォーマンス課題 人口やまちづくりの面から，北海道の課題を考えよう！

　　　　　　　　　　　　　　　　　　　　　　　　　　　🖉 2-7 多面的

　本時で学習した人口の変化をもとに，北海道の課題を考え，まとめる。次時以降も，様々な面から北海道の課題を考察し，単元全体の課題を解決するための材料とする。

北海道地方 ②

目標 北海道の人口の変化とその理由を説明できる。

【活動１】 どうして、北海道には人口の少ない市が多いのだろう？

| 人口の
少ない市が
多い | ← | |

【活動２】 どうして、他の都道府県の地名が多いのだろう？

| 他の
都道府県の
地名が多い | ← | |

【活動３】 どうして人口が変化しているのだろう？　時期ごとに理由を考えよう！

順位	時期	理由
47位		
1位		
8位		

【パフォーマンス課題】 人口やまちづくりの面から、北海道の課題を考えよう！

身近な地域の調査，地域の在り方

単元構成のねらい

　本単元は，地理的分野の最後の単元であり，地理的分野での学びを公民的分野につなげる単元である。まずは，地理学の調査の基礎・基本を学習し，それをもとに地域の現状を分析し，課題を発見する。次に，その課題に対する解決策をグループでの調査やクラス内の意見交換をもとに検討する。そして，学校外の担当者や専門家へ働きかける活動を通して，オーセンティックな学びを実現させていく。また，本単元で完結させるわけではなく，公民的分野とのつながりを意識し，例えば地方自治の単元へとつなげる。

単元の概念構造

〈本質的な問い〉地域には，どのような課題があり，どのように解決できるか。
〈単元の問い〉地域には，どのような課題があり，どのように解決できるか。
〈考えさせたい視点〉これまでの地理学習で獲得した視点を用いて，課題を分析する。

オーセンティックな学びに近づけるポイント

知識の構築	地域の課題を発見し，解決するために，様々な調査方法を学び，多面的・多角的に知識を構築する。
学問に基づく探究	地理学の調査方法をもとに，地域の課題を調査し，様々な事例をもとに解決策を考え，学校外へ働きかける。
学校を超えた価値	地域の課題を調査して発見し，その解決策を学校外へ提案するという課題は，内容・方法ともに学校外に価値のある，オーセンティックな課題である。

単元全体の課題設定のねらい

　本単元全体の課題は，地域の課題を調査して発見し，その解決策を学校外へ提案するという課題であり，内容・方法ともに学校外に価値のある，オーセンティックな課題である。学校外との連携の部分については，学校や地域の状況に応じた方法を検討する必要がある。単元のはじめから連携し，一緒につくりあげていく方法もあれば，単元の最後に発表の対象となるにとどまる連携もあり得る。大事なことは，可能な範囲で，学習者の学びがオーセンティックとなるようにデザインすることである。

単元構成

単元全体の課題	地域の課題を指摘し，解決策を提案しよう！ 【オーセンティックA】 4－3 提案

パフォーマンス課題	○主発問　・サブ発問（課題）
❶怪盗Xからの挑戦状，「怪盗X の居場所をつきとめよう！」 4－2 課題解決	・地図記号クイズ ・等高線を立体化してみよう！ ・地域の地形図で，「どこにあるでしょう？」
❷市や地域の課題をまとめて報告 しよう！ 4－2 課題解決	・写真クイズ「ここはどこ？」（市の地図から探す） ・市の現状を，テーマごとにグループで調べよう！（人口，産業， 交通，くらし，安全） ・市の現状をテーマごとに発表しよう！
❸市や地域の課題に対する調査手 順書を発表しよう！ 4－2 課題解決	・グループで，ターゲットとなる市の課題を決めよう！ ・課題に対して，調査内容・調査方法を決めよう！ ・グループで調査しよう！
❹市の課題に対する意見書を作成 しよう！ 4－2 課題解決	・調査手順書に沿って，市の課題を調査しよう！ ・課題に対する解決策を考えよう！ ・課題に対する解決策を具体化しよう！ ・発表用資料を作成しよう！
❺市の課題に対する意見書を作成 しよう！ 4－2 課題解決	（第4時と同様）
❻市や地域の課題に対する意見書 の中間発表をしよう！	・市の課題に対する意見書を発表しよう！ ・他グループの意見書に対する，質問や意見を伝えよう！
❼意見書を修正し，改訂版意見書 を作成しよう！	・クラスで出た質問や意見をもとに，意見書を修正しよう！ ・市などへの発表準備をしよう！
❽市の担当者へ意見書を発表し， アドバイスをまとめよう！	・市の担当者へ，意見書を発表しよう！ ・市の担当者からの意見をまとめよう！
❾市の担当者からの意見をもとに， 行動計画を立てよう！	・市の担当者からの意見をもとに，意見書を修正しよう！ ・取り組む内容を具体化しよう！
❿市や地域の課題に対して，行動 を起こそう！	・行動計画に基づき，役割分担をしよう！ ・実際の社会で行動しよう！ ・行動の結果を振り返ろう！

【本単元の参考文献】
上條晴夫・江間史明編著『ワークショップ型授業で社会科が変わる　中学校―"参加・体験"で学びを深める授業プラン17―』図書文化，2005年

身近な地域の調査，地域の在り方 ❶

▶ 単元内の位置付け

　本時は，「身近な地域の調査」「地域のあり方」の単元の最初の単元である。これからの探究学習に向けて，本時では地図の読み取りスキルを楽しく学習する。地域の地形図を用いて，学習者の経験上の世界と地図を重ね合わせていく。

▶ 指導言でわかる！授業の流れ

(1) クイズ 地図記号クイズ

　パワーポイントやフラッシュカードを用いて，テンポよく行っていく。全員や列指名など，変化のある繰り返しで，飽きさせずに進めることがポイントである。

(2) 活動 等高線を立体化してみよう！

　グループごとに厚紙を配付し，等高線の10mごとに担当を決め，線に沿って厚紙を切る。切った厚紙をグループで重ね合わせれば，少し立体感のある立体地図ができる。厚紙以外でも応用が可能である。

(3) 活動 等高線の線分Ａ－Ｂ間の断面図を描こう！

　等高線の線分Ａ－Ｂ間の断面図を，ワークシートの形式に合わせて書き込んでいく。

(4) 活動 （地域の地形図で）どこにあるでしょう？

　地域の地形図を配付し，学習者の身近な施設や場所を探していく。「地名さがし」（p.38と同様）の要領で，テンポよく，楽しく学習する。

　（出題例）「学校を探そう！」「○○公園を探そう！」「学校から○○までの実際の距離は？」

(5) パフォーマンス課題 怪盗Ｘからの挑戦状，「怪盗Ｘの居場所をつきとめよう！」

❗ 4－2 課題解決

　地域の地形図を用いて，課題を解決する活動である。条件（ヒント）は，その地域の地形図によって変更する必要がある。方位，縮尺，地図記号などを用いて正解にたどりつけるような課題が望ましい。

身近な地域の調査、地域の在り方 ①

目標 地形図のきまりを理解し、読み取ることができる。

【活動１】等高線の線分Ａ－Ｂ間の断面図を描こう！

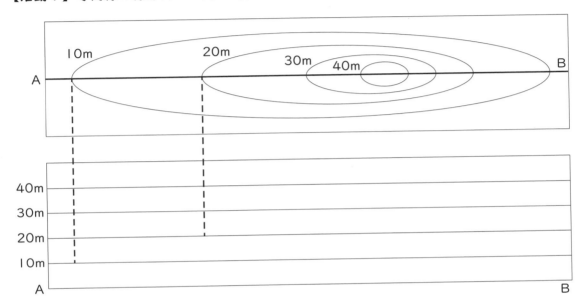

【パフォーマンス課題】怪盗Ｘからの挑戦状、「怪盗Ｘの居場所をつきとめよう！」

～怪盗Ｘからの挑戦状～

〇〇学校の諸君、ごきげんよう。
つい先ほど、〇〇学校の大事なものを預かった。
返してほしかったら、私の居場所をつきとめてみてくれ。
ヒントを書いておこう。これを手がかりにして、私の居場所がわかるかな？

★ヒント★

- ・〇〇学校から、北西の方角だ。
- ・〇〇学校から、約８kmの距離にあるところだ。
- ・標高は、300mくらいだ。
- ・私の居場所から北東の方角に寺院が、南東の方角に神社がある。
- ・近くには、針葉樹林が広がっている。

怪盗Ｘの居場所	

おわりに

本書の意義

　本書では，オーセンティックな学びを取り入れた地理学習を提案しました。本書で紹介した授業の特徴は，次のようにまとめられます。

・現実社会につながる，単元全体の課題を設定する。

・課題を解決するために，単元構成や授業をデザインする。

・各時代の重要な概念を扱い，学習者の見方・考え方を鍛える。

・思考を重視し，多面的・多角的に考える活動を取り入れる。

・全員が参加し，力をつけるために授業をデザインする。

　（環境のユニバーサルデザイン，学力のユニバーサルデザイン，意欲のデザイン）

　このような授業を，単発でなく，地理学習全体で行うことで，地理学習を現実社会とつなげ，オーセンティックな学力を形成していく。これが，本書のねらいです。

　一つ一つの授業をみると，今まで提案されてきた地理学習と大きく変わらないかもしれません。しかし，本書では，カリキュラム全体を通して，地理学習でつける力（オーセンティックな学力）を明確にし，それに基づいて各単元，各授業を提案しました。

　本書の目的は，地理学習をオーセンティックな学びに近づけることでした。地理学習だけでみると，オーセンティックな学びとして不十分かもしれません。それは，むやみに現実社会とつなげようとすると，地理学習の本質を失う可能性があるからです。

　とはいえ，地理学習でオーセンティックな学びを取り入れることは大切なことです。大事なことは，社会科全体で，オーセンティックな学力を形成することです。そのために，地理・歴史・公民，そしてそれぞれの単元で，どのような見方・考え方を養い，力をつけていくのかをトータルで考えていくことが欠かせません。

　本書では，ほぼすべての地理学習の時間のカリキュラム構成を載せました。カリキュラム全体から構成することが大切だからです。ただし，このカリキュラム構成は，あくまで一例です。授業者によって，取り上げたい事例や，深めたい事例があるでしょう。また，学校や地域によって，大切にしている単元や題材もあるでしょう。また，さらに言えば，教科書にとらわれず，弾力的な単元構成も求められるでしょう。本書を叩き台にしていただいて，より良いカリキュラムを構成していただければと思います。大事なことは，つけたい学力からの逆算で，授業・カリキュラムをデザインすることです。学習者の状況，学校・地域の状況，授業者の社会科教

科観・授業観に基づいて，状況に応じたカリキュラム・マネジメントを行ってください。

学び続ける授業者へ

　オーセンティックな学びを実現するには，授業者自身の力量形成，授業改善の視点が欠かせません。授業は，事前に計画し（P：計画），授業を行い（D：実践），自身の授業を振り返って実践を評価し（C：評価），改善していく（A：改善）ことで，より良い授業になっていきます。本書は，授業のPDCAの「P（計画段階）」をサポートするためのものです。

　本書の授業展開は，誰でもすぐにできるものをめざしていますが，筆者の現在の指導技術などに裏打ちされた展開になっています。そのため，もしかするとそのまま授業を行っても，「時間が足りない」「うまくいかない」という状況が起こるかもしれません。それは，授業者も学習者も異なるので，本来当然のことです。先生方ご自身の力量や，授業方法に合わせて展開を工夫してみてください。

　大事なことは，より良い授業をめざして，授業者が学び続けることです。

　まずは，「良い」と言われる授業をマネしてみましょう。その一つとして，本書のネタや活動，授業展開を一度実践してみてください。「マネる」ことは，学ぶことです。「マネる」ことで，自分の型ができてきます。

　次に，学習者から学びましょう。学習者が，学習に向かわない，力がつかないのには，必ず理由・原因があります。学習者のせいにせず，「何が問題だったのか」「どうすればうまくいくのか」を考え，修正していきましょう。

　そして，授業者自身が「学ぶ場」を持ちましょう。授業内容の教材研究は，授業をする上で最低条件です。それだけでなく，仲間と授業の腕を磨き合うサークル活動や，優れた実践家や研究者などの集まる場に参加するなど，授業者としての「学ぶ場」を持ちましょう。自分が学び続けることで，授業は良くなります。

　私自身，多くの書籍を読み，先人たちから学び，子どもたちに鍛えられてきました。また，共に学び合う仲間・先輩方，進むべき道を示してくださる先生方のおかげで，教師を続けられています。

　本書も，学び続ける中での人との出会い，つながり，御縁で執筆させていただきました。そういった方々のおかげで，社会科授業の現状に，一石を投じるものになったのではないかと思います。

　そんな本書が，みなさんの授業改善の一助となることを願っています。

梶谷　真弘

【著者紹介】

梶谷　真弘（かじたに　まさひろ）

1986年生まれ。大阪府立豊中支援学校を経て，現在大阪府茨木市立南中学校教諭。社会科，特別支援教育に造詣が深い。公認心理師。授業研究サークル「KIT」代表，支援教育研究サークル「SPEC」代表。

著書に，『学級経営＆授業のユニバーサルデザインと合理的配慮』（明治図書），『経済視点で学ぶ歴史の授業』（さくら社），分担執筆に，『主体的・対話的で深い学びを実現する！100万人が受けたい社会科アクティブ授業モデル』『100万人が受けたい！主体的・対話的で深い学びを創る中学社会科授業モデル』『子どもと社会をつなげる！「見方・考え方」を鍛える社会科授業デザイン』（以上，明治図書），『新任1年目でもうまくいく！子どもの心をパッとつかむ驚きの授業ルール』（学陽書房），『中学社会科“アクティブ・ラーニング発問”174　わくわくドキドキ地理・歴史・公民の難単元攻略ポイント』『対話的深い学びを測る新授業の評価　新中学社会の定期テスト』『社会科授業にSDGs挿入ネタ65』（以上，学芸みらい社），『社会科授業の理論と実践　ユニバーサルデザインによる授業づくり』（あいり出版）など。雑誌原稿多数。

中学校社会サポートBOOKS

オーセンティックな学びを取り入れた
中学校地理授業＆ワークシート

2024年2月初版第1刷刊	©著　者	梶　谷　真　弘	

発行者　藤　原　光　政

発行所　明治図書出版株式会社
http://www.meijitosho.co.jp

（企画）林　知里（校正）西浦実夏・川上　萌

〒114-0023　東京都北区滝野川7-46-1
振替00160-5-151318　電話03(5907)6703
ご注文窓口　電話03(5907)6668

＊検印省略

組版所　藤　原　印　刷　株　式　会　社

本書の無断コピーは，著作権・出版権にふれます。ご注意ください。
教材部分は，学校の授業過程での使用に限り，複製することができます。

Printed in Japan　　　　　　　ISBN978-4-18-346925-0

もれなくクーポンがもらえる！読者アンケートはこちらから　→